EXECUÇÃO FISCAL ADMINISTRATIVA NO BRASIL
UMA PROPOSTA POSSÍVEL

GEILSA KÁTIA SANT'ANA

Prefácio
Bruno Dantas

EXECUÇÃO FISCAL ADMINISTRATIVA NO BRASIL
UMA PROPOSTA POSSÍVEL

Belo Horizonte

editora **Del Rey**

FÓRUM
CONHECIMENTO JURÍDICO

2024

© 2024 Editora Fórum Ltda.

É proibida a reprodução total ou parcial desta obra, por qualquer meio eletrônico, inclusive por processos xerográficos, sem autorização expressa do Editor.

Conselho Editorial

Adilson Abreu Dallari
Alécia Paolucci Nogueira Bicalho
Alexandre Coutinho Pagliarini
André Ramos Tavares
Carlos Ayres Britto
Carlos Mário da Silva Velloso
Cármen Lúcia Antunes Rocha
Cesar Augusto Guimarães Pereira
Clovis Beznos
Cristiana Fortini
Dinorá Adelaide Musetti Grotti
Diogo de Figueiredo Moreira Neto (*in memoriam*)
Egon Bockmann Moreira
Emerson Gabardo
Fabrício Motta
Fernando Rossi
Flávio Henrique Unes Pereira

Floriano de Azevedo Marques Neto
Gustavo Justino de Oliveira
Inês Virgínia Prado Soares
Jorge Ulisses Jacoby Fernandes
Juarez Freitas
Luciano Ferraz
Lúcio Delfino
Marcia Carla Pereira Ribeiro
Márcio Cammarosano
Marcos Ehrhardt Jr.
Maria Sylvia Zanella Di Pietro
Ney José de Freitas
Oswaldo Othon de Pontes Saraiva Filho
Paulo Modesto
Romeu Felipe Bacellar Filho
Sérgio Guerra
Walber de Moura Agra

editora **Del Rey**

FÓRUM
CONHECIMENTO JURÍDICO

Luís Cláudio Rodrigues Ferreira
Presidente e Editor

Coordenação editorial: Leonardo Eustáquio Siqueira Araújo
Aline Sobreira de Oliveira

Rua Paulo Ribeiro Bastos, 211 – Jardim Atlântico – CEP 31710-430
Belo Horizonte – Minas Gerais – Tel.: (31) 99412.0131
www.editoraforum.com.br – editoraforum@editoraforum.com.br

Técnica. Empenho. Zelo. Esses foram alguns dos cuidados aplicados na edição desta obra. No entanto, podem ocorrer erros de impressão, digitação ou mesmo restar alguma dúvida conceitual. Caso se constate algo assim, solicitamos a gentileza de nos comunicar através do *e-mail* editorial@editoraforum.com.br para que possamos esclarecer, no que couber. A sua contribuição é muito importante para mantermos a excelência editorial. A Editora Fórum agradece a sua contribuição.

Dados Internacionais de Catalogação na Publicação (CIP) de acordo com ISBD

S232e
    Sant'ana, Geilsa Kátia

        Execução fiscal administrativa no Brasil: uma proposta possível / Geilsa Kátia Sant'ana. Belo Horizonte: Fórum: Del Rey, 2024.

        165 p. 14,5x21,5 cm
        ISBN 978-65-5518-623-9

        1. Estado Social. 2. Desjudicialização. 3. Execução fiscal administrativa. 4. Paradigmas e mecanismos inovadores. 5. Eficiência. I. Título.

                                                                      CDD: 340
                                                                    CDU: 340

Ficha catalográfica elaborada por Lissandra Ruas Lima – CRB/6 – 2851

Informação bibliográfica deste livro, conforme a NBR 6023:2018 da Associação Brasileira de Normas Técnicas (ABNT):

SANT'ANA, Geilsa Kátia. *Execução fiscal administrativa no Brasil*: uma proposta possível. Belo Horizonte: Fórum: Del Rey, 2024. 165 p. ISBN 978-65-5518-623-9.

Dedico este trabalho aos meus pais (Geraldo e Vailza), pelo amor incondicional, pelo incentivo e exemplo de integridade, às minhas filhas (Victória e Melissa), às minhas sobrinhas (Caroliny e Camily), como estímulo ao estudo e à memória do meu amado irmão, Wesley Augusto Sant'ana (Lelo).

AGRADECIMENTOS

A pesquisa e o estudo são momentos ímpares de aprendizagem. O ambiente acadêmico é um espaço desafiador e instigante, de fomento à pesquisa, ao saber e à construção do conhecimento.

Nesta trajetória, muitos coautores nos emprestaram seu talento, seu tempo, sua paciência, seu conhecimento, seu brilhantismo, para que esse caminho fosse possível e o resultado fosse real. A cada um desses generosos colaboradores, aos professores do Programa de Mestrado em Direito da Uninove, minha gratidão eterna e minha admiração. Em especial ao meu orientador, Dr. Bruno Dantas Nascimento, cuja impecável trajetória, competência e bom senso que lhe são peculiares são elementos inspiradores. A minha família, pelo apoio na superação dos grandes desafios da vida. À Deus, meu maior respeito, gratidão e devoção, presença constante no meu caminhar. Obrigada a todos por esta relevante conquista compartilhada!

LISTA DE ABREVIATURAS E SIGLAS

ADR   Alternative Dispute Resolution
AJUFE   Associação dos Juízes Federais do Brasil
CDA   Certidão de Dívida Ativa
CEJUSCs   Centros Judiciários de Solução de Conflitos e cidadania
CF   Constituição Federal
CNJ   Conselho Nacional de Justiça
CNPJ   Cadastro Nacional da Pessoa Jurídica
CONDECON   Código de Defesa do Contribuinte
CPC   Código de Processo Civil
CPF   Cadastro de Pessoa Física
CTN   Código Tributário Nacional
DPJ   Departamento de Pesquisas Judiciárias
EUA   Estados Unidos da América
IPEA   Instituto de Pesquisas Econômicas aplicadas
IPM   Índice de produtividade dos magistrados
IPS-Jus   Índice de produtividade comparada da justiça
IRS   Internal Revenue Service
LEF   Lei de Execuções Fiscais
NTA   National Taxpayer's advocate
NUPEMEC   Núcleos Permanentes de Métodos Consensuais de Solução de Conflitos
OIC   Offer-in-compromise
PGFN   Procuradoria Geral da Fazenda Nacional

Pje	Processo Judicial eletrônico
PL	Projeto de lei
PSC-SP	Partido Social Cristão de São Paulo
RCP	Reasonable collection potential
SEP	Secretaria Especial de Programas
SNIPC	Sistema Nacional de Informações Patrimoniais dos Contribuintes
SPC	Serviço de Proteção ao Crédito
STF	Supremo Tribunal Federal
STJ	Superior Tribunal de Justiça
STM	Superior Tribunal Militar
TJDFT	Tribunal de Justiça do Distrito Federal
TJMs	Tribunais de Justiça Militar estaduais
TJPE	Tribunal de Justiça de Pernambuco
TJs	Tribunais de Justiça estaduais
TJSP	Tribunal de Justiça de São Paulo
TREs	Tribunais Regionais Eleitorais
TRFs	Tribunais Regionais Federais
TRTs	Tribunais Regionais do Trabalho
TSE	Tribunal Superior Eleitoral
TST	Tribunal Superior do Trabalho

SUMÁRIO

PREFÁCIO
Bruno Dantas 13

INTRODUÇÃO 17

CAPÍTULO 1
DA EXECUÇÃO FISCAL NO BRASIL 23
1.1 Definição 23
1.2 Contextualização normativa 24
1.2.1 Decreto-Lei nº 960/38 25
1.2.2 Código de Processo Civil de 1973 26
1.2.3 Lei de Execuções Fiscais (Lei nº 6.830/80) 28
1.3 Diagnóstico: dados coletados pelo Conselho Nacional de Justiça 33

CAPÍTULO 2
EXECUÇÃO FISCAL NO DIREITO COMPARADO 47
2.1 Países europeus 48
2.2 Países norte-americanos 56
2.3 Países sul-americanos 67
2.4 Tendência mundial à implantação de mecanismos de desjudicialização para cobrança de créditos públicos 71

CAPÍTULO 3
ANÁLISE DO PROJETO DE LEI Nº 5.080/2009 EM TRAMITAÇÃO NO CONGRESSO NACIONAL BRASILEIRO 75
3.1 Origem do projeto de Lei nº 5.080/2009 76
3.2 Aspectos gerais do projeto de Lei nº 5.080/2009 79
3.3 Razões e contrarrazões à aprovação do Projeto de Lei nº 5.080/2009 .. 89
3.3.1 Críticas ao PL nº 5.080/2009 90
3.3.2 Contrarrazões às críticas ao PL nº 5.080/2009 92

CAPÍTULO 4
UM NOVO PARADIGMA PARA A EXECUÇÃO FISCAL 105
4.1   Prerrogativas da Fazenda Pública 105
4.2   Proposta de um novo paradigma 111
4.2.1 Do princípio da eficiência 113
4.2.2 Novo paradigma para o Poder Executivo 115
4.2.3 Novo paradigma para o Poder Legislativo 116
4.2.4 Novo paradigma para o Poder Judiciário 119

CAPÍTULO 5
EXECUÇÃO FISCAL ADMINISTRATIVA COMO PROPOSTA DE CONCRETIZAÇÃO DO PRINCÍPIO DA EFICIÊNCIA 125
5.1   Propostas de inclusão de mecanismos inovadores ao PL nº 5.080/2009 125
5.1.1 Localização do executado 126
5.1.2 Localização de bens do executado 127
5.1.3 Sistema nacional de leilões 129
5.1.4 Controle de legalidade administrativo da inscrição em dívida ativa 129
5.1.5 Responsabilização civil, criminal e administrativa dos agentes públicos 133
5.1.6 Capacitação e política remuneratória adequada para os agentes públicos 134
5.1.7 Possibilidade de aditamento da CDA e ajuizamento "inteligente" .136
5.1.8 Núcleos especializados para recuperação de grandes créditos 138
5.1.9 Normatização do uso da exceção de pré-executividade 138
5.1.10 Ampliação das prerrogativas da Fazenda Pública na cobrança de seus créditos 141
5.1.11 Cobrança de custas na execução fiscal administrativa 141
5.1.12 Previsão de cooperação entre os países membros de blocos econômicos 142
5.1.13 Instituição de Conselho e Código de Defesa do Contribuinte 142
5.1.14 Estabelecimento de metas de arrecadação 143
5.2   Outros meios alternativos à judicialização para satisfação do crédito tributário 144

CONCLUSÃO 151

REFERÊNCIAS 157

PREFÁCIO

Nos últimos anos, vozes abalizadas da doutrina nacional se ergueram em defesa da premente necessidade de se desjudicializar a execução dos créditos públicos no Brasil. Com a autoridade de sempre, Humberto Theodoro Junior sustenta que "o combate à crise seríssima de congestionamento do Judiciário brasileiro não será enfrentado com perspectiva de êxito sem que se tenha a coragem de começar pelo necessário afastamento da atividade executiva, no todo ou em boa parte, do campo do Judiciário".[1]

A desjudicialização da execução fiscal tem apresentado avanços significativos nos últimos anos. Em 2020, o número de processos pendentes nessa área registrou uma queda de 11,2%, a maior redução desde 2009.[2] As estratégias de desjudicialização, como a utilização de métodos alternativos de resolução de conflitos e a ampliação do uso da conciliação, têm se mostrado eficazes na agilidade dos procedimentos, contribuindo para a redução do tempo médio de tramitação e aliviando a sobrecarga do sistema judiciário.

O movimento segue o impulso de reformas que vêm ocorrendo em alguns países europeus, e, segundo Soraya Mekki, professora da École de Droit de SciencesPo, longe de ser temido, deve ser incentivado, para que os profissionais do direito que atuam no contencioso não percam sua alma ("n'y perdent pas leur âme"), e possam, assim, se concentrar no seu negócio principal ("léu coeur de métier"). A jurista entende, na mesma linha da doutrina brasileira sobre o tema, que o objetivo fundamental da desjudicialização da execução "est de débarrasser le juge de tout ne qui ne constitue pas l'essence de sa mission et qui pourrait utilement être délégué à un tiers substituable".[3]

---

[1] THEODORO JÚNIOR, Humberto. As novas codificações francesa e portuguesa e a desjudicialização da execução forçada. *Revista Juris Plenum*, Caxias do Sul, v. 15, n. 88, p. 95-112, jul. 2019. p. 111.

[2] BRASIL. Conselho Nacional de Justiça (CNJ). Justiça em Números 2021: ano-base 2020, p. 176. CNJ, Brasília, 2021. Disponível em: https://www.cnj.jus.br/wp-content/uploads/2021/09/relatorio-justica-em-numeros2021-12.pdf. Acesso em: 04 jul. 2023.

[3] MEKKI, Soraya Amrani. Dejudiciarisation et evolution des professions juridiques. *Revista de Processo: RePro*, v. 37, n. 212, p. 279-300, out. 2012.

Esta obra que prefacio, versão comercial da dissertação de Mestrado de Geilsa Kátia Sant'ana, escrita e defendida com muita competência perante banca na Uninove, composta pelos Professores Samantha Ribeiro Meyer-Pflug Marques e Guilherme Amorim Campos da Silva, e por mim presidida, na qualidade de orientador, fornece-nos um dado relevante que deve guiar as reformas da execução judicial no nosso país: a experiência estrangeira aponta para a ausência de exemplos de sucesso de um modelo de execução fiscal puramente judicial, como é o caso do modelo praticado no Brasil.

Há vários países europeus que vivem, há mais ou há menos tempo, uma experiência de execução civil desjudicializada, de modo a escapar aos modelos alemão e italiano, em que a via judicial é a regra adotada para a tramitação do processo. Sob essa nova diretriz, destaca o professor italiano Alessandro Nascosi, o juiz intervém no procedimento executório apenas quando há alguma dificuldade na aplicação material do direito.[4]

Experiências na França, Espanha e Suécia apresentam o agente de execução como um ente privado, havendo outros ordenamentos que caminham no mesmo sentido, entre os quais Portugal, Romênia, Letônia, Lituânia, República Checa e Eslováquia. Para se ter uma ideia, em Portugal, os agentes de execução, chamados de solicitadores, praticam várias diligências executivas, como citações, intimações, penhoras e hastas públicas, tendo sua remuneração estabelecida levando em conta a produtividade e a agilidade no trâmite das execuções, de modo a fazer com que, quanto mais célere seja o processo, maiores sejam os honorários. Embora o Brasil não necessite e nem deva replicar os mesmos modelos, essas experiências têm o potencial de arejar alguns de nossos dogmas e ideias.

Nascida em 1980, a Lei de Execução Fiscal absorvia as ideias da escola processual italiana sobre a tutela diferenciada e, oferecendo uma alternativa ao lento e pesado procedimento comum, pretendeu garantir celeridade e eficiência às cobranças judiciais da dívida pública. Não há como negar os frutos dessa especialização, tampouco deixar de reconhecer seu valor no espaço-tempo. No entanto, hoje, o direito processual já se assenta em novos polos metodológicos que, devidamente considerados no âmbito da execução fiscal, teriam o condão

---

4 NASCOSI, Alessandro. Il nuovo code des procédures civiles d'écution in Francia tra esigenze di rinnovamento e tradizione. *Revista Trimestrale Di Diritto e Procedura Civile*, n. 3, 2013. p. 957.

de abrir portas a soluções capazes de oferecer a eficiência com que um dia sonhou a especialização da cobrança, mas que, passados já quarenta anos desde a publicação da lei, ainda parece não ter deixado aquela dimensão onírica.

Humberto Dalla, atento a essas mudanças, enxerga, na redação do art. 3º do Código de Processo Civil, uma ressignificação do conceito de jurisdição, afirmando que o princípio contido no art. 5º, XXXV da Constituição Federal, entendido como a primeira via de solução de conflito, já não condiz com a noção contemporânea do Estado Democrático de Direito, e que o fenômeno da desjudicialização deve ser compreendido como ferramenta de racionalização da prestação jurisdicional.[5]

Nessa linha, a execução fiscal administrativa não apenas se insere entre os meios alternativos de solução de conflitos, como, entre eles, conforme bem expressa a autora em sua obra, talvez seja a ferramenta que melhor tenha capacidade de aliviar a carga de judicialização sobre as Cortes do país, tendo em vista que a Fazenda, com suas cobranças judiciais, seria a maior responsável pelo congestionamento do Poder Judiciário.

Já faz uma década que o Congresso Nacional vem debatendo projetos que objetivam, entre outros aspectos, desburocratizar a cobrança da dívida ativa da União. Apesar desses esforços, até o momento, nada ainda se transformou em lei.

O contexto atual é, portanto, oportuno para trabalhos como este, capazes que são de agregar novos elementos ao debate e, assim, alimentar a perseverança da busca por maior eficiência na cobrança dos créditos fazendários, o que, em última instância, alcança a vida social como um todo, já que a administração dos recursos do Estado é um fator primordial para a efetividade dos direitos e garantias previstos na Constituição.

Devo dizer que não se trata de uma obra capaz de despertar o interesse apenas de legisladores, mas o de toda a comunidade jurídica especializada, pelo valor da sistematização e da análise empregada pela autora, que, além da pesquisa comparada, traz elementos hauridos em sua experiência prática como Procuradora Municipal.

---

[5] PINHO, Humberto Dalla Bernardina de. A releitura do princípio do acesso à justiça e o necessário redimensionamento da intervenção judicial na resolução dos conflitos na contemporaneidade. *Revista Jurídica Luso-brasileira*, ano 5, n. 3, 2019, p. 262.

Não me resta senão parabenizar a autora e recomendar fortemente a leitura da obra.

Bruno Dantas
Presidente do Tribunal de Contas da União (TCU). Pós-Doutor em Direito pela UERJ. Doutor e Mestre em Direito pela PUC-Rio. Professor Titular do Mestrado e Doutorado em Direito da Uninove. Professor da FGV-Direito Rio. Professor-Adjunto de Direito da UERJ.

INTRODUÇÃO

A implantação do "Estado Social" conduz à necessidade de redefinição da atuação estatal. A sociedade contemporânea demanda uma atuação cada vez mais positiva do Estado, na efetivação dos direitos fundamentais, cujo rol foi significativamente ampliado. Portanto, os recursos financeiros tornaram-se cada vez mais escassos, intensificando a necessidade de uma atuação mais eficiente da Administração Pública na arrecadação de seus créditos.

Assim, os compromissos sociais assumidos pelo Estado, decorrentes da ampliação dos direitos constitucionais de cunho social, a partir da Constituição de 1988, exigem o provimento financeiro para o seu custeio. De modo que, as transformações na sistemática da execução dos créditos públicos, especialmente a dos créditos tributários, é tema relevante para a sociedade contemporânea e deve ser prioridade para o Estado.

Em que pese as atribuições estatais terem sido agigantadas em razão da necessidade de implementação dos direitos fundamentais, não foram, na mesma proporção, ampliadas suas prerrogativas, a fim de aparelhá-lo na perseguição de seus créditos, tão necessários à implementação daqueles fins.

A ampliação e a efetivação dos direitos fundamentais devem vir associadas ao incremento dos custos estatais, arcados pela Comunidade, que figura, ao mesmo tempo, como titular e responsável pelo cumprimento daqueles objetivos. Ou seja, a ampliação da base de direitos fundamentais deve resultar em uma correlata capacidade de reaparelhamento estatal, com reflexos no orçamento público.

Atualmente, a execução dos créditos públicos, tenha ou não, natureza fiscal, é realizada unicamente por meio de processo judicial. Há mais de quarenta anos vigora, no Brasil, a Lei nº 6.830, de 22 de setembro de 1980, dispondo sobre a cobrança judicial da dívida ativa da Fazenda Pública, cujo propósito inicial era de acelerar e desburocratizar essa cobrança, por meio de seu rito especial.

A experiência forense, entretanto, ao longo da vigência e aplicação da Lei nº 6.830/80, nos últimos quarenta anos, não colheu os eficientes resultados idealizados em sua exposição de motivos.

O Conselho Nacional de Justiça produz relatórios anuais, demonstrando que os processos de execução fiscal são a principal causa da alta taxa de congestionamento do Poder Judiciário. Representam 39% do total de casos pendentes e 70% das execuções em trâmite no Poder Judiciário, com taxa de congestionamento de 87%. Isso significa que, de cada cem processos de execução fiscal que tramitaram no ano de 2019, apenas 13 foram baixados.

O tempo médio de tramitação de uma execução fiscal, no âmbito da Justiça Federal, foi calculado, no ano de 2011, em 8 anos, 2 meses e 9 dias, sendo que somente três quintos dos processos ultrapassam a fase inicial de citação, isto é, cerca de 40% dos processos sequer encontram o devedor. Dos que ultrapassam essa fase, apenas 25% possuem penhora efetiva. Ademais, 2,6% das ações de execução fiscal resultam em leilão judicial, e do total de processos, somente 0,2% dos casos geram recursos suficientes para satisfazer o débito com o pregão.

O modelo de execução fiscal brasileiro é concentrado na atuação do Poder Judiciário e, conforme demonstram as estatísticas, os resultados são desastrosos, evidenciando a necessidade premente de adequação e revisão do seu procedimento.

A necessidade de uma atuação estatal mais eficiente culminou na introdução do princípio da eficiência no *caput* do artigo 37 da Constituição Federal de 1988, cabendo ao Estado qualificar-se no intuito de realizar suas atividades de modo aprimorado, com economicidade, celeridade e produtividade.

A eficiência do serviço prestado pelo Poder Judiciário e também pela Administração Pública é exigência da sociedade e obrigação do Estado, de modo que a implantação de um modelo de cobrança de créditos públicos eficiente e célere é essencial para a qualidade de vida da população brasileira, tendo em vista o aumento das receitas para investimento em políticas públicas.

Nesse contexto, é de extrema importância estudar meios extrajudiciais de cobrança dos créditos públicos, despontando a proposta de implantação de execução fiscal administrativa, como uma relevante alternativa.

Sob a inspiração do Direito Comparado, foram propostos inúmeros projetos legislativos ao longo da última década, na tentativa de não apenas desjudicializar a execução fiscal, descongestionando o Poder Judiciário, como também de torná-la mais eficiente, a fim de, efetivamente, possibilitar ao modelo de Estado Social a realização de suas ampliadas atribuições, sobretudo a implementação dos direitos, ditos fundamentais.

Assim, tendo em vista a infrutuosidade da execução fiscal judicial para cobrar os créditos públicos, algumas soluções extrajudiciais vêm sendo estudadas para conceder maior eficiência à atividade de cobrança realizada pelo Fisco. Uma delas é a execução fiscal administrativa, ou seja, a desjudicialização de alguns atos do procedimento da atual Lei nº 6.830/80. Já tramitam no Congresso Nacional projetos de lei propondo a modernização do procedimento de execução fiscal.

Entretanto, transferir a condução das execuções fiscais do Poder Judiciário para o Poder Executivo, sem o necessário aperfeiçoamento de seus mecanismos, seria tão somente transferir o problema de um Poder para o outro.

A par dos inúmeros ajustes técnicos necessários às propostas apresentadas no Congresso Nacional, é certo que os entraves atuais da execução fiscal, como localização do devedor e de bens penhoráveis, precisarão ser enfrentados com a introdução de novos mecanismos jurídicos, tecnológicos, sistemas de informação integrados, adequação do arcabouço legislativo, entre outras medidas.

Nessa perspectiva, esta obra se propõe a uma reflexão sobre os conceitos, estatísticas, procedimentos e finalidades no contexto da execução fiscal, buscando novos paradigmas para os princípios da eficiência, fundamentados juridicamente na supremacia do interesse público, nas prerrogativas da Fazenda Pública, nos atributos do ato administrativo, tais como a presunção de legitimidade, autoexecutoriedade e imperatividade, como premissas para uma proposta de execução fiscal administrativa remodelada e eficiente.

Destarte, com o objetivo de se propiciar material para reflexão, para identificação de elementos que possam subsidiar alterações normativas, orientadoras da criação de regime de execução fiscal alternativo ao modelo presente, propõe-se a análise de alguns sistemas de execuções fiscais praticados no Direito Comparado e as possibilidades de adoção de mecanismos processuais inovadores que superem os principais gargalos do atual processo de execução fiscal brasileiro.

À vista disso, pretende-se, no primeiro capítulo desta pesquisa, proporcionar uma visão panorâmica da execução fiscal no Brasil, definindo-a à luz da doutrina e legislação de regência; posteriormente, realizar uma contextualização normativa da execução fiscal, sintetizando as principais características de cada um dos atos normativos que regulamentaram o procedimento de cobrança da dívida ativa no Brasil, especialmente a partir do período republicano. Em seguida, será traçado um minucioso diagnóstico do processo de execução fiscal brasileiro, por meio dos dados coletados, pelo Conselho Nacional de Justiça, nos últimos onze anos de pesquisa, a partir de diferentes indicadores de avaliação de produtividade, apresentando um retrato fiel dos executivos fiscais, que servirá como premissa para as análises e as proposições realizadas nos capítulos subsequentes.

No segundo capítulo, partindo das premissas estabelecidas no capítulo anterior, serão analisados diferentes modelos de execuções fiscais no Direito Comparado, especialmente modelos de cobrança de créditos públicos realizados pela via administrativa, tais como: Espanha, França, Portugal, Estados Unidos da América, México, Chile e Argentina, buscando conhecer suas estruturas, procedimentos e principalmente resultados, no intuito de que o conhecimento do contexto internacional, numa abordagem comparativa, fomente, instigue e permita o aprimoramento das propostas de reformas legislativas do sistema nacional de cobrança de créditos públicos.

No terceiro capítulo, analisar-se-á o mais recente Projeto de Lei em tramitação no Congresso Nacional Brasileiro, que pretende implementar a "execução fiscal administrativa" no Brasil (PL nº 5.080/2009), abordando os aspectos gerais de seu procedimento, suas principais alterações em relação ao modelo vigente, os motivos que justificaram sua apresentação, comparações pontuais com os demais projetos de leis correlatos, em tramitação no Parlamento, a repercussão polêmica do projeto legislativo no cenário político e jurídico, as razões e contrarrazões apresentadas à implantação da execução fiscal administrativa no Brasil.

No quarto capítulo, como parte da ideia central deste trabalho, propõe-se aos Poderes Executivo, Legislativo e Judiciário, considerando suas particularidades, um novo paradigma para a execução fiscal brasileira, partindo da perspectiva e do comando constitucional da eficiência, como elemento orientador de sua prática, fundamentada nas prerrogativas da Fazenda Pública e na supremacia do interesse público, não mais centralizado no garantismo do devedor, mas na satisfação do crédito público, como mecanismo indispensável à realização de políticas públicas.

Por fim, no quinto capítulo, concluindo a ideia central do trabalho, será analisada a proposta de implementação da execução fiscal administrativa como possibilidade da concretização do princípio da eficiência, na medida em que mitiga o congestionamento do Poder Judiciário, ao passo que também se propõe uma execução fiscal eficiente quanto ao seu intuito arrecadador. Propõem-se alterações ao próprio PL nº 5.080/2009, a partir da introdução de mecanismos processuais inovadores inspirados no Direito Comparado, a fim de garantir eficiência na arrecadação das receitas públicas. Também serão descritos, ainda que sumariamente, outras possibilidades de satisfação do crédito público, alternativos à judicialização e com promissores resultados para o Fisco.

CAPÍTULO 1

DA EXECUÇÃO FISCAL NO BRASIL

1.1 Definição

O termo "execução", segundo definição de De Plácido e Silva,[1] deriva do latim *exsecutio, de exsequi* (seguir até o fim, proceder judicialmente, perseguir). Na terminologia jurídica, "execução" possui uma variedade de acepções, entretanto todas elas tendentes a mostrar a intenção de concluir algo que já fora iniciado, ou realizar um projeto concebido anteriormente. Surge como complemento, cumprimento ou conclusão de fato já existente ou para compelir alguém a cumprir ou complementar o que era seu dever.

Prossegue o mesmo autor, definindo "execução fiscal" como a denominação especial que se dá à ação de que se utiliza a Fazenda Pública para cobrar, judicialmente, suas dívidas ativas.

Segundo Hugo de Brito Machado: "Denomina-se execução fiscal a ação de que dispõe a Fazenda Pública para a cobrança de seus créditos, sejam tributários ou não, desde que inscritos como dívida ativa".[2]

Para Araken de Assis, o processo de execução fiscal seria execução para pagamento de quantia certa, o que a doutrina chama de execução por expropriação.[3] Existe uma *pretensão executiva* da Fazenda Pública a ser satisfeita por meio da execução fiscal.[4]

---

[1] SILVA, De Plácido e. *Vocabulário jurídico*. 12. ed. v. II. Rio de Janeiro: Forense, 1993, p. 242.
[2] MACHADO, Hugo de Brito. *Curso de direito tributário*. 27. ed. São Paulo: Malheiros, 2006, p. 471.
[3] ASSIS, Araken de. *Manual da execução*. 13. ed. São Paulo: Revista dos Tribunais, 2010, p. 673 *et seq.*
[4] *Ibidem*, p. 483.

Nessa linha, também vale citar o entendimento de Paulo Cesar Conrado acerca dos elementos que entende definir um processo de execução como fiscal:

> Nos termos da Lei nº 6.830/80, são dois os fatores que respondem pela definição de uma execução como fiscal. Primeiro fator – o sujeito ativo: União, Estados, Distrito Federal, Municípios e respectivas autarquias (ou simplesmente, a Fazenda Pública). Segundo fator – o objeto: dívida ativa. Fiscal é a execução que, a um só tempo, tem por sujeito ativo entidade inserta no conceito de Fazenda Pública, e, por objeto, valor qualificado como dívida ativa.
>
> Para definição de uma execução como fiscal, é indiferente a condição ostentada pelo respectivo sujeito passivo, não importando se solvente ou insolvente, se submetido a regime de falência, de recuperação judicial, etc.[5]

De modo que execução fiscal pode ser conceituada, como a ação disponibilizada à Fazenda Pública, compreendida como a União, Estados, Distrito Federal, Municípios e suas respectivas autarquias, para cobrança judicial de seus créditos tributários ou não, desde que inscritos em dívida ativa.

1.2 Contextualização normativa

A arrecadação de tributos, como atividade essencial do Estado para viabilizar o custeio de suas atividades, na modalidade de procedimento *lato sensu*, iniciou-se mesmo antes da independência do Brasil, na era colonial, de forma coativa,[6] com a cobrança do quinto (relativo ao ouro), dos Direitos Régios (sobre a importação) e o Dízimo Real (sobre os produtos agrícolas e trabalho do agricultor), prosseguindo durante o período imperial e a República[7].

---

[5] CONRADO, Paulo Cesar. *Execução fiscal*. 2. ed. São Paulo: Malheiros, 2015, p. 30.
[6] Como exemplo de exigência coativa pode ser citada a derrama, cobrança de impostos efetuada por soldados portugueses, chamados de dragões, que estavam autorizados a invadir as casas e a tomar tudo o que tivesse valor, a fim de completar as 100 arrobas devidas à metrópole (VICENTINO, Cláudio; DORIGO, Gianpaolo. *História do Brasil*. São Paulo: Scipione, 1997, p. 136).
[7] ANDRADE, Gustavo Bezerra Muniz de. Evolução histórica da execução fiscal no ordenamento jurídico brasileiro. *Conteúdo Jurídico*, Brasília, 07 dez. 2015. Disponível em: https://conteudojuridico.com.br/consulta/Artigos/45635/evolucao-historica-da-execucao-fiscal-no-ordenamento-juridico-brasileiro. Acesso em: 09 set. 2020.

Durante o período republicano, os atos normativos que regulamentam a execução fiscal são: o Decreto-Lei nº 960/38 (já revogado), o Código de Processo Civil de 1973, posteriormente revogado pela Lei nº 13.105/2015 (atual Código de Processo Civil) e a Lei nº 6.830/80, denominada de Lei de Execuções Fiscais (LEF). Com relação ao Código de Processo Civil, sua aplicação é subsidiária à Lei de Execução Fiscal, por força de seu artigo 1º.

1.2.1 Decreto-Lei nº 960/38

O Decreto-Lei nº 960/38, editado pelo então presidente Getúlio Vargas, dispunha acerca da cobrança judicial da dívida ativa da Fazenda Pública, sendo aplicado em todo o território nacional. Seus 77 (setenta e sete) artigos estabeleciam o procedimento executivo a ser seguido, sendo conhecidos pelo reduzido número de garantias asseguradas ao contribuinte.

A citação inicial era instruída com a certidão de dívida ativa quando necessária, e obrigava o réu a pagar a importância pleiteada, sob pena de imediata constrição de seus bens, por meio da penhora. Não sendo o devedor encontrado, adotar-se-ia o sequestro, sem a exigência de justificação prévia, após, findo o prazo de citação por edital, o sequestro era convertido em penhora.[8]

O procedimento de defesa do devedor consistia no oferecimento de embargos, conforme previsto nos artigos 16 e 17,[9] informado pela teoria da concentração dos atos, de modo que o devedor deveria alegar,

---

[8] Art. 6º A citação inicial, que será requerida em petição instruída com a certidão da dívida, quando necessário, far-se-á por mandado para que o réu pague a importância da mesma; se não o fizer, pelo mesmo mandado se procederá à penhora. No caso do art. 2º, §2º, a petição inicial será instruída com a conta do alcance, definitivamente julgado, ou com o contrato e a conta feita de acordo com ele e visada pela autoridade competente. §1º Não encontrado, ou se ocultando o devedor, pelo mesmo mandado se procederá ao sequestro, independentemente de justificação. Se dentro em dez dias não for ainda encontrado para ser intimado, o que o oficial certificará, a citação far-se-á por edital; findo o prazo deste último, converter-se-á o sequestro em penhora. §2º Do mandado e do auto da diligência dar-se-á contrafé, ao réu.

[9] Art. 16. O réu deduzirá a sua defesa por meio de embargos, dentro em dez dias contados da data da penhora, ou no caso do artigo 10, parágrafo único, da entrada da precatória no cartório do Juízo deprecante. Nesse prazo deverá alegar, de uma só vez articuladamente, toda a matéria útil à defesa, indicar ou requerer as provas em que se funda, juntar aos autos que constarem de documentos e, quando houver, o rol de testemunhas, até cinco. Parágrafo único. Quaisquer exceções, dilatórias ou peremptórias, serão arguidas como preliminares dos embargos, e juntamente com estes, processadas e julgadas. Art. 17. Nos processos desta natureza não se admite reconvenção ou compensação.

de uma vez, toda a matéria que lhe fosse útil, juntando documentos, indicando os meios de provas cabíveis, não se admitindo a reconvenção e a compensação.

Intimada acerca do oferecimento dos embargos, a Fazenda Pública possuía o prazo de 10 (dez) dias para impugná-lo, podendo instruir a execução com as provas que lhe conviessem.

Visando assegurar a celeridade ao rito executivo, o Juiz possuía liberdade para ampliar ou reduzir as diligências probatórias, bem como requerê-las sem a provocação das partes. Nos termos do artigo 23,[10] em audiência de instrução e julgamento, após oportunizado ao réu e ao representante da Fazenda o prazo de 15 (quinze) minutos para sustentação oral de suas razões, o juiz proferia a sentença.

Proferida a sentença julgando procedente a execução fiscal, proceder-se-ia à avaliação dos bens penhorados, seguida da designação para arrematação em 48 (quarenta e oito) horas, segundo previsão dos artigos 32 e seguintes.[11]

Em breve síntese, essa era a sistemática adotada pelo Decreto-Lei nº 960/38, que, nos termos do artigo 77, entrou em vigor em 1º de janeiro de 1949, sendo, posteriormente, revogado pelo Código de Processo Civil de 1973, que unificou as disposições processuais esparsas: anterior Código de Processo Civil de 1939 e as disposições do Decreto-Lei mencionadas.

1.2.2 Código de Processo Civil de 1973

A análise que será feita do Código de Processo Civil de 1973, no que tange à execução por quantia certa contra devedor solvente, estará circunscrita ao texto vigente à época da entrada em vigor da Lei de Execução Fiscal, diploma que, posteriormente, veio a tratar das ações que visam à satisfação do crédito da Fazenda Pública.

Para fins didáticos, invoca-se o exame da doutrina àquela época. Ensina Moacyr Amaral Santos que a execução por quantia certa ocorria

---

[10] Art. 23. Na audiência de instrução e julgamento, o representante da Fazenda e o do réu farão, oralmente e dentro do prazo de quinze minutos para cada um, a sustentação de suas razões e a apreciação da prova produzida. Antes do debate, o juiz, se entender conveniente, ouvirá os depoimentos do réu, das testemunhas e dos peritos. Afinal, proferirá, a sentença. §1º Do que ocorrer na audiência, e especialmente da sentença, o escrivão fará, por escrito, um resumo, que juntará aos autos depois de autenticado pelo juiz.

[11] Art. 32. Concluída a avaliação, com a juntada do laudo serão os autos conclusos ao juiz para a designação, dentro em 48 horas, de dia, hora e local para a arrematação, em hasta pública, dos bens penhorados.

quando o título executivo sujeitasse o devedor ao pagamento de quantia certa em dinheiro, tendo como objeto o título executivo, que poderia ser tanto judicial (decorrente de um pronunciamento do Poder Judiciário), como extrajudicial (títulos aos quais a lei atribui força executiva direta).[12]

A redação do artigo 585 do Código de Processo Civil,[13] então, enumerava os títulos executivos extrajudiciais:

> Art. 585. São títulos executivos extrajudiciais: [...]
> Vl - a certidão de dívida ativa da Fazenda Pública da União, Estado, Distrito Federal, Território e Município, correspondente aos créditos inscritos na forma da lei.

Desse modo, a Fazenda Pública precisava se valer do Código de Processo Civil para executar os seus créditos em face dos contribuintes, utilizando as normas relacionadas nos artigos 646 e seguintes.

Despachada a petição inicial, de acordo com o artigo 652, o devedor era citado por oficial de justiça para, no prazo de 24 (vinte e quatro) horas, pagar ou nomear bens à penhora e, não sendo encontrado, poderiam ser arrestados tantos bens quando bastassem para garantir a execução.

Ofertados bens em garantia, o devedor oferecia embargos no prazo de 10 (dez) dias, contados da intimação da penhora ou do termo de depósito, conforme o antigo artigo 738, sendo autuados em apartado. Destaca-se, que os embargos à execução somente eram admitidos quando houvesse a prévia garantia do juízo.

Recebidos os embargos, o exequente era intimado para impugná-los no prazo de 10 (dez) dias, sendo designada data para a audiência de instrução e julgamento.

---

[12] SANTOS, Moacyr Amaral. *Primeiras linhas de direito processual civil*: adaptados ao novo código de processo civil. 7. ed. v. 3. São Paulo: Saraiva, 1984, p. 271-272.

[13] Artigo 585 da Lei nº 5.869, de 11 de janeiro de 1973: São títulos executivos extrajudiciais: I - a letra de câmbio, a nota promissória, a duplicata e o cheque; II - o documento público, ou o particular assinado pelo devedor e subscrito por duas testemunhas, do qual conste a obrigação de pagar quantia determinada, ou de entregar coisa fungível; III - o contrato de hipoteca, de penhor, de anticrese, de caução e de seguro em geral; IV - o crédito decorrente de foro, laudêmio, aluguel ou renda de imóvel, bem como encargo de condomínio, desde que comprovado por contrato escrito; V - o crédito de serventuário de justiça, de perito, de intérprete, ou de tradutor, quando as custas, emolumentos ou honorários forem aprovados por decisão judicial; VI - a certidão de dívida ativa da Fazenda Pública da União, Estado, Distrito Federal, Território e Município, correspondente aos créditos inscritos na forma da lei; VII - todos os demais títulos, a que, por disposição expressa, a lei atribuir força executiva.

A ação de execução, conforme ensina Moacyr Amaral Santos, resumia-se na realização da sanção formulada na sentença ou contida, por força de lei, no título executivo extrajudicial. Dessa forma, haveriam de ser observados os princípios e as disciplinas processuais, sendo possível, ao executado, insurgir-se por meio dos embargos, alegando toda a matéria que retirasse a certeza e a liquidez dos títulos extrajudiciais, vez que a presunção era *juris tantum*.[14]

A regulação do procedimento executivo fiscal pelo Código de Processo Civil, todavia, durou pouco tempo, tendo em vista a promulgação de Legislação Especial – Lei nº 6.830/80, objetivando atribuir maior celeridade ao processo de execução da dívida ativa da Fazenda Pública.

Quanto aos reflexos do novo Código de Processo Civil (Lei nº 13.105/2015), cabe destacar que a Lei nº 11.382/2006 já havia realizado uma extensa reforma no Código de Processo Civil de 1973, no que tange à execução dos títulos extrajudiciais. O novo Código de Processo Civil/2015 (CPC) manteve algumas daquelas alterações e introduziu outras, entre as quais algumas ainda são controvertidas na doutrina e na jurisprudência.

Entre as inovações trazidas pelo novo CPC, que repercutem no procedimento das execuções fiscais, podem ser citadas: contagem do prazo em dias úteis, desconsideração da personalidade jurídica, redirecionamento da execução fiscal, prescrição intercorrente, majoração dos honorários na hipótese de sucumbência recursal, força vinculante dos precedentes – recursos repetitivos, flexibilização da ordem de garantia, possibilidade de substituição da garantia. Todos descritos, apenas sumariamente, em razão do recorte temático proposto nesta obra.

1.2.3 Lei de Execuções Fiscais (Lei nº 6.830/80)

Conforme esclarece Humberto Theodoro Júnior,[15] o procedimento especial previsto na Lei de Execuções Fiscais (Lei nº 6.830/80) é regulado apenas subsidiariamente pelo Código de Processo Civil. Portanto, embora as alterações do novo Código possam alcançá-la, sobretudo quanto aos dispositivos referentes à execução por quantia certa, só o farão quando a lei especial não contiver previsão sobre o tema. É preciso

---

[14] SANTOS, Moacyr Amaral. *Primeiras linhas de direito processual civil*: adaptados ao novo código de processo civil. 7. ed. v. 3. São Paulo: Saraiva, 1984, p. 398.
[15] THEODORO JÚNIOR, Humberto. *Lei de execução fiscal*. 13. ed. São Paulo: Saraiva, 2016.

lembrar que lei nova que estabeleça disposições gerais ou especiais, a par das já existentes, não revoga nem modifica a lei anterior. Portanto, o novo código não possui força para revogar o que, explicitamente, acha-se disposto em lei especial.¹⁶

Cabe iniciar um breve relato acerca dos aspectos gerais da execução fiscal no Brasil, segundo o tratamento conferido pela Lei nº 6.830/80, que regula atualmente esse procedimento.

Na ânsia de alcançar um trâmite mais célere das execuções por quantia certa, em que figurasse como credor a Fazenda Pública, foi promulgada a Lei nº 6.830/80. Trata-se de legislação específica, também conhecida como Lei de Execuções Fiscais, que se propõe a regular a cobrança judicial dos créditos inscritos na dívida ativa dos Entes da Federação e suas autarquias, conforme previsto em seu artigo 1º.¹⁷

Desse modo, a cobrança judicial dos mencionados créditos, que outrora era regulada pelo Código de Processo Civil, passou a ser tratada em lei especial, aplicando-se o Código de Processo Civil apenas subsidiariamente:

> Em linhas gerais, a sistemática da execução fiscal introduzida pela Lei nº 6.830 é a mesma do Código de Processo Civil, ou seja, a da execução por quantia certa, como processo de pura atividade de realização do direito do credor.¹⁸

O artigo 2º da Lei de Execuções Fiscais descreve que a dívida ativa da Fazenda Pública é composta tanto por débitos de natureza tributária como por aqueles de caráter não tributário, previstos na Lei nº 4.320/64,¹⁹

---

¹⁶ Lei de Introdução às Normas do Direito Brasileiro (LINDB). Art. 2º. §2º A lei nova, que estabeleça disposições gerais ou especiais a par das já existentes, não revoga nem modifica a lei anterior.

¹⁷ Art. 1º A execução judicial para cobrança da dívida ativa da União, dos Estados, do Distrito Federal, dos Municípios e respectivas autarquias será regida por esta Lei e, subsidiariamente, pelo Código de Processo Civil.

¹⁸ THEODORO JÚNIOR, Humberto. *Lei de execução fiscal*. 13. ed. São Paulo: Saraiva, 2016, p. 29.

¹⁹ Art. 30, §2º: Dívida ativa tributária é o crédito da Fazenda Pública dessa natureza, proveniente de obrigação legal relativa a tributos e respectivos adicionais e multas, e dívida ativa não tributária são os demais créditos da Fazenda Pública, tais como os provenientes de empréstimos compulsórios, contribuições estabelecidas em lei, multa de qualquer origem ou natureza, exceto as tributárias, foros, laudêmios, aluguéis ou taxas de ocupação, custas processuais, preços de serviços prestados por estabelecimentos públicos, indenizações, reposições, restituições, alcances dos responsáveis definitivamente julgados, bem assim os créditos decorrentes de obrigações em moeda estrangeira, de sub-rogação de hipoteca, fiança, aval ou outra garantia, de contratos em geral ou de outras obrigações legais.

incluídos a atualização monetária, juros, multa de mora e os demais encargos previstos em lei ou contratos, complementando o tratamento dado pelo artigo 201 do Código Tributário Nacional.[20]

A Lei nº 6.830 amplia o conceito de dívida ativa e admite que o procedimento judicial de execução fiscal seja aplicável tanto à cobrança dos créditos tributários como dos não tributários. Até mesmo as obrigações contratuais, desde que submetidas ao controle da inscrição, podem ser exigidas por via da execução fiscal.

Assim, uma vez inscrito o débito em dívida ativa, podem os Entes da Federação utilizar o procedimento especial criado pela Lei de Execuções Fiscais para, eventualmente, cobrá-los. Determinam o artigo 3º e o seu parágrafo único que referido título executivo goza de presunção de certeza e liquidez relativa, podendo ser ilidida mediante prova inequívoca, a cargo do executado ou de terceiro, a quem aproveite.[21]

A certeza diz respeito à sua existência regular, com origem, desenvolvimento e perfazimento conhecidos, com natureza determinada e fundamento legal ou contratual induvidoso. A liquidez concerne ao valor original do principal, juros, multa, demais encargos legais e correção monetária, devidamente fundamentados em lei.

O órgão administrativo encarregado da inscrição faz a prévia verificação administrativa de sua legalidade quanto à existência e quanto aos valores. A inscrição faz nascer a dívida ativa, que, por ter sido, antes, apurada e examinada quanto à legalidade existencial e quantitativa, tem presunção de certeza e liquidez.

Uma vez proferido o despacho citatório, interrompe-se o prazo prescricional de cobrança do crédito tributário. O executado, na forma prevista do artigo 8º da LEF,[22] será citado via correios, por Oficial de

---

[20] Art. 201 do CTN: Constitui dívida ativa tributária a proveniente de crédito dessa natureza, regularmente inscrita na repartição administrativa competente, depois de esgotado o prazo fixado, para pagamento, pela lei ou por decisão final proferida em processo regular.

[21] Art. 3º A dívida ativa regularmente inscrita goza da presunção de certeza e liquidez. Parágrafo único. A presunção a que se refere este artigo é relativa e pode ser ilidida por prova inequívoca, a cargo do executado ou de terceiro, a quem aproveite.

[22] Art. 8º O executado será citado para, no prazo de 5 (cinco) dias, pagar a dívida com os juros e multa de mora e encargos indicados na certidão de dívida ativa, ou garantir a execução, observadas as seguintes normas: I - a citação será feita pelo correio, com aviso de recepção, se a Fazenda Pública não a requerer por outra forma; II - a citação pelo correio considera-se feita na data da entrega da carta no endereço do executado, ou, se a data for omitida, no aviso de recepção, 10 (dez) dias após a entrega da carta à agência postal; III - se o aviso de recepção não retornar no prazo de 15 (quinze) dias da entrega da carta à agência postal, a citação será feita por Oficial de Justiça ou por edital.

Justiça ou edital para, no prazo de 5 (cinco) dias, pagar a dívida com juros, multa de mora e encargos indicados na certidão de dívida ativa, ou garantir a execução.

Importante destacar que o despacho citatório interrompe a prescrição, entretanto, não em razão da previsão do §2º do artigo 8º, constante na LEF. Isso porque a Lei nº 6.830/80 tem natureza de lei ordinária, não estando autorizada a tratar desse tema, segundo previsão constitucional contida no artigo 146, inciso III, alínea "b", que determina ser matéria exclusiva de lei complementar normas gerais em matéria de legislação tributária, dentre elas a prescrição e decadência.[23]

A garantia da execução fiscal é regulada pelo artigo 9º da Lei de Execução Fiscal, devendo incluir o valor da dívida, juros, multa de mora e encargos legais indicados na certidão de dívida ativa. Pode ser efetivada por meio de: depósito em dinheiro, à ordem do Juízo em estabelecimento oficial de crédito, que assegure atualização monetária; fiança bancária; bens a serem penhorados, observando a ordem inscrita no artigo 11 da própria lei, e bens de terceiros a serem penhorados.

Oportuno registrar que, em razão da inovação trazida pelo novo CPC acerca da dispensabilidade da garantia do Juízo nos processos de execução, há entendimento controvertido acerca de sua aplicabilidade à LEF, em razão do princípio da especialidade.

Se o executado não pagar a dívida, nem garantir a execução, a exequente deve indicar os bens do devedor que serão penhorados, excetuando os que a lei considera como impenhoráveis (relacionados no artigo 833[24] do novo Código de Processo Civil e em outras leis extravagantes).

---

[23] De forma que o despacho citatório somente se tornou causa interruptiva da prescrição a partir da Lei Complementar nº 118/2005, que modificou a redação do artigo 174, inciso I, do Código Tributário Nacional que, apesar de ser lei ordinária, foi recepcionado pela Constituição Federal de 1988 como lei complementar.

[24] CPC. Art. 833. São impenhoráveis: I - os bens inalienáveis e os declarados, por ato voluntário, não sujeitos à execução; II - os móveis, os pertences e as utilidades domésticas que guarnecem a residência do executado, salvo os de elevado valor ou os que ultrapassem as necessidades comuns correspondentes a um médio padrão de vida; III - os vestuários, bem como os pertences de uso pessoal do executado, salvo se de elevado valor; IV - os vencimentos, os subsídios, os soldos, os salários, as remunerações, os proventos de aposentadoria, as pensões, os pecúlios e os montepios, bem como as quantias recebidas por liberalidade de terceiro e destinadas ao sustento do devedor e de sua família, os ganhos de trabalhador autônomo e os honorários de profissional liberal, ressalvado o §2º; V - os livros, as máquinas, as ferramentas, os utensílios, os instrumentos ou outros bens móveis necessários ou úteis ao exercício da profissão do executado; VI - o seguro de vida; VII - os materiais necessários para obras em andamento, salvo se essas

Concluída a fase descrita, o devedor tem o prazo de 30 (trinta) dias para oposição de embargos, a partir do dia seguinte ao depósito, à juntada da carta de fiança bancária ou da intimação da penhora.

Os embargos à execução, semelhantemente ao previsto no Decreto-Lei nº 960/38, deverão conter toda a matéria de defesa, o requerimento de provas, a juntada de documentos, não sendo admitida a reconvenção, nem a compensação. As exceções, salvo as de suspeição, incompetência e impedimentos, arguidas como matéria preliminar, serão julgadas com os embargos.

Recebidos os embargos, o juiz mandará intimar a Fazenda para, em 30 (trinta) dias, impugná-los, designando dia para audiência de instrução e julgamento.

A arrematação será precedida de edital, ocorrendo a alienação de bens penhorados somente mediante leilão público, podendo a Fazenda Pública adjudicar os bens penhorados em duas hipóteses: antes do leilão, pelo preço da avaliação, se a execução não for embargada ou se rejeitados os embargos e, findo o leilão, se não houver licitante, caso em que o preço será o da avaliação do bem, ou havendo licitantes, com preferência, em igualdade de condições com a melhor oferta, no prazo de 30 (trinta) dias, sendo deferida pelo juiz a adjudicação.[25]

Em que pese a previsão expressa no art. 23 da LEF, para que a alienação dos bens penhorados aconteça por intermédio de leilão, a doutrina e jurisprudência vêm entendendo ser cabível a alienação por iniciativa particular, tal como prevista no art. 879, I, do CPC, também nos executivos fiscais.[26]

Analisando a Lei de Execuções Fiscais, verifica-se o esforço do legislador em conferir celeridade ao procedimento executivo, atribuindo inúmeras prerrogativas em prol da Fazenda Pública. Conclui-se, portanto, que o tratamento dispensado às execuções fiscais no direito

---

forem penhoradas; VIII - a pequena propriedade rural, assim definida em lei, desde que trabalhada pela família; IX - os recursos públicos recebidos por instituições privadas para aplicação compulsória em educação, saúde ou assistência social; X - a quantia depositada em caderneta de poupança, até o limite de 40 (quarenta) salários-mínimos; XI - os recursos públicos do fundo partidário recebidos por partido político, nos termos da lei; XII - os créditos oriundos de alienação de unidades imobiliárias, sob regime de incorporação imobiliária, vinculados à execução da obra.

[25] Quando a avaliação ou o valor da melhor oferta for superior ao crédito determinado da certidão de dívida ativa, a adjudicação somente será deferida, se a diferença for depositada, pela exequente, no prazo de 30 (trinta) dias.

[26] CHUCRI, Augusto Newton et al. *Execução fiscal aplicada*: análise pragmática do processo de execução fiscal. 7. ed. Salvador: JusPodivm, 2018, p. 612.

processual brasileiro, desde o Decreto-Lei nº 960/38, passando pela aplicação do Código de Processo Civil de 1973, até o atual regramento estabelecido na Lei nº 6.830/80, sempre intentou criar prerrogativas que facilitassem o recebimento do crédito inscrito em dívida ativa.

Entretanto, em que pese o esforço legislativo, verifica-se, a partir de dados estatísticos demonstrados na seção seguinte, que tais prerrogativas e o procedimento especial criado não foram suficientes para garantir o sucesso da cobrança de tais créditos, ainda que de forma minimamente aceitável.

1.3 Diagnóstico: dados coletados pelo Conselho Nacional de Justiça

O Conselho Nacional de Justiça (CNJ), criado pela Emenda Constitucional nº 45/2004, é o órgão central de controle, planejamento e aperfeiçoamento do Poder Judiciário brasileiro, responsável pela produção de relatórios estatísticos, bem como pela proposição de políticas, programas e metas que possam aprimorar a atividade jurisdicional no Brasil e aparelhar o Poder Judiciário para as exigências de eficiência, transparência e responsabilidade que a sociedade contemporânea reclama.

É com esse intuito que o Relatório *Justiça em Números*[27] apresenta um retrato fiel do desempenho do Poder Judiciário brasileiro, com informações pormenorizadas de todos os seus órgãos. O relatório é fundamentado em onze anos de dados estatísticos coletados pelo CNJ (2009 a 2019), com uso de metodologia de coleta de dados padronizada, consolidada e uniforme em todos os tribunais.

Referido relatório é o principal documento de publicidade e transparência do Poder Judiciário, elaborado, anualmente, pelo Departamento de Pesquisas Judiciarias (DPJ), sob a supervisão da Secretaria Especial de Programas, Pesquisas e Gestão Estratégica (SEP) do Conselho Nacional de Justiça.

---

[27] BRASIL. Conselho Nacional de Justiça (CNJ). *Justiça em Números 2020*: ano-base 2019. CNJ, Brasília, 2020. Disponível em: https://www.cnj.jus.br/wp-content/uploads/2020/08/WEB-V3-Justi%C3%A7a-em-N%C3%BAmeros-2020-atualizado-em-25-08-2020.pdf. Acesso em: 12 set. 2020. Informações mais detalhadas dos indicadores que compõem o Sistema de Estatísticas do Poder Judiciário estão publicamente disponibilizadas nos painéis dinâmicos, em www.cnj.jus.br/pesquisas-judiciarias/paineis-cnj, nos painéis do *Justiça em Números* e do Módulo de Produtividade Mensal, por meio dos quais é possível identificar a produtividade de cada unidade judiciária e de cada magistrado, por mês, por competência, entre outras diversas informações.

Os indicadores apresentados na mais recente edição do Relatório *Justiça em Números* sintetizam os principais dados coletados em relação ao Poder Judiciário em 2019.

Portanto, a 16ª edição do relatório (publicada em 2020) reúne informações dos 90 (noventa) órgãos do Poder Judiciário, elencados no art. 92 da Constituição da República Federativa do Brasil de 1988, excluindo apenas o Supremo Tribunal Federal e o Conselho Nacional de Justiça, pois ambos são objetos de estatística própria. Assim, o Relatório *Justiça em Números* inclui: os 27 Tribunais de Justiça Estaduais (TJs), os 05 Tribunais Regionais Federais (TRFs), os 24 Tribunais Regionais do Trabalho (TRTs), os 27 Tribunais Regionais Eleitorais (TREs), os 03 Tribunais de Justiça Militar Estaduais (TJMs), o Superior Tribunal de Justiça (STJ), o Tribunal Superior do Trabalho (TST), o Tribunal Superior Eleitoral (TSE) e o Superior Tribunal Militar (STM).

Segundo dados do Relatório *Justiça em Números*, a taxa de congestionamento do Poder Judiciário variou entre 70,6%, no ano de 2009, e 73,4%, em 2016. A partir de 2016, a taxa vem caindo gradativamente até atingir o menor índice histórico, no ano de 2019, com taxa de 68,5%. Em 2019, houve redução na taxa de congestionamento de 2,7 pontos percentuais, fato bastante positivo e inédito. Entretanto, ainda assim, muito distante do ideal de eficiência idealizado pelo constituinte brasileiro.

Verificou-se que o Poder Judiciário dispunha de um acervo de 77 (setenta e sete) milhões de processos pendentes de baixa no final do ano de 2019; destes, mais da metade (55,8%) referia-se à fase de execução.

Os Gráficos 01[28] e 02[29] exibem os dados dos processos novos, pendentes e baixados, classificados entre processos de conhecimento e de execução. Os dados mostram que, apesar de ingressar no Poder Judiciário quase duas vezes mais processos de conhecimento do que processos de execução, no acervo a situação é inversa: a execução representa um percentual 54,5% maior.

---

[28] BRASIL. Conselho Nacional de Justiça (CNJ). *Justiça em Números 2020*: ano-base 2019, p. 151. CNJ, Brasília, 2020. Disponível em: https://www.cnj.jus.br/wp-content/uploads/2020/08/WEB-V3-Justi%C3%A7a-em-N%C3%BAmeros-2020-atualizado-em-25-08-2020.pdf. Acesso em: 12 set. 2020.

[29] *Ibidem*.

CAPÍTULO 1
DA EXECUÇÃO FISCAL NO BRASIL | 35

GRÁFICO 01 – Série histórica dos casos novos e baixados nas fases de conhecimento e execução

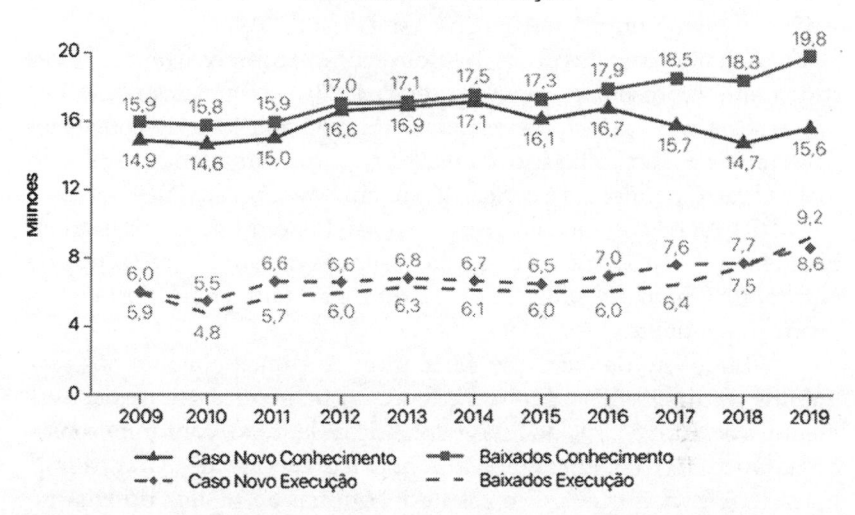

Ano	Caso Novo Conhecimento	Baixados Conhecimento	Caso Novo Execução	Baixados Execução
2009	14,9	15,9	6,0	5,9
2010	14,6	15,8	5,5	4,8
2011	15,0	15,9	6,6	5,7
2012	16,6	17,0	6,6	6,0
2013	16,9	17,1	6,8	6,3
2014	17,1	17,5	6,7	6,1
2015	16,1	17,3	6,5	6,0
2016	16,7	17,9	7,0	6,0
2017	15,7	18,5	7,6	6,4
2018	14,7	18,3	7,7	7,5
2019	15,6	19,8	9,2	8,6

Fonte: BRASIL, CNJ, 2020.

GRÁFICO 02 – Série histórica dos casos pendentes nas fases de conhecimento e execução

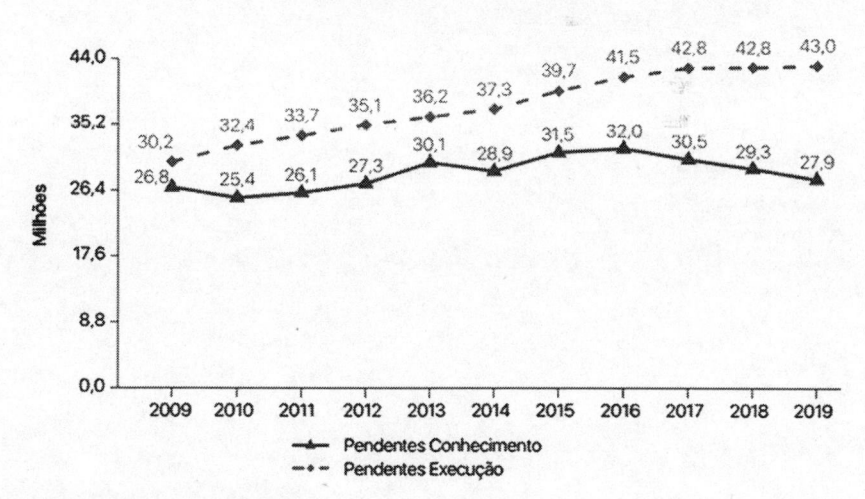

Ano	Pendentes Conhecimento	Pendentes Execução
2009	26,8	30,2
2010	25,4	32,4
2011	26,1	33,7
2012	27,3	35,1
2013	30,1	36,2
2014	28,9	37,5
2015	31,5	39,7
2016	32,0	41,5
2017	30,5	42,8
2018	29,3	42,8
2019	27,9	43,0

Fonte: BRASIL, CNJ, 2020.

Os processos pendentes na fase de execução apresentaram evidente tendência de crescimento do estoque entre os anos de 2009 e 2017, e permaneceram praticamente estáveis até 2019.

A maior parte dos processos de execução é composta de execuções fiscais, que representam um percentual de 70% daquele estoque. Tais processos são os principais responsáveis pela alta taxa de congestionamento do Poder Judiciário, equivalendo à aproximadamente 39% do total de casos pendentes e congestionamento de 87%, em 2019.

O CNJ destaca que há casos em que o Poder Judiciário já esgotou os meios previstos em lei e, ainda assim, não houve localização de patrimônio capaz de satisfazer o crédito, permanecendo, portanto, o processo pendente.

O impacto da execução é significativo principalmente nos segmentos da Justiça Estadual e Federal, correspondendo, respectivamente, a 56,8% e 54,3%, do acervo total de cada ramo, conforme consta nos Gráficos 03 e 04. Em alguns tribunais, a execução chega a consumir mais de 60% do acervo. É o caso do Tribunal de Justiça do Distrito Federal (TJDFT), do Tribunal de Justiça de Pernambuco (TJPE), do Tribunal de Justiça do Rio de Janeiro (TJRJ), do Tribunal de Justiça de São Paulo (TJSP), do Tribunal Regional Federal (TRF3) e dos Tribunais Regionais do Trabalho: TRT10, TRT13, TRT14, TRT18, TRT19, TRT2, TRT21, TRT22, TRT23, TRT7, TRT8, TRT9.

GRÁFICO 03 – Percentual de casos pendentes de execução em relação ao estoque total de processos na Justiça Estadual

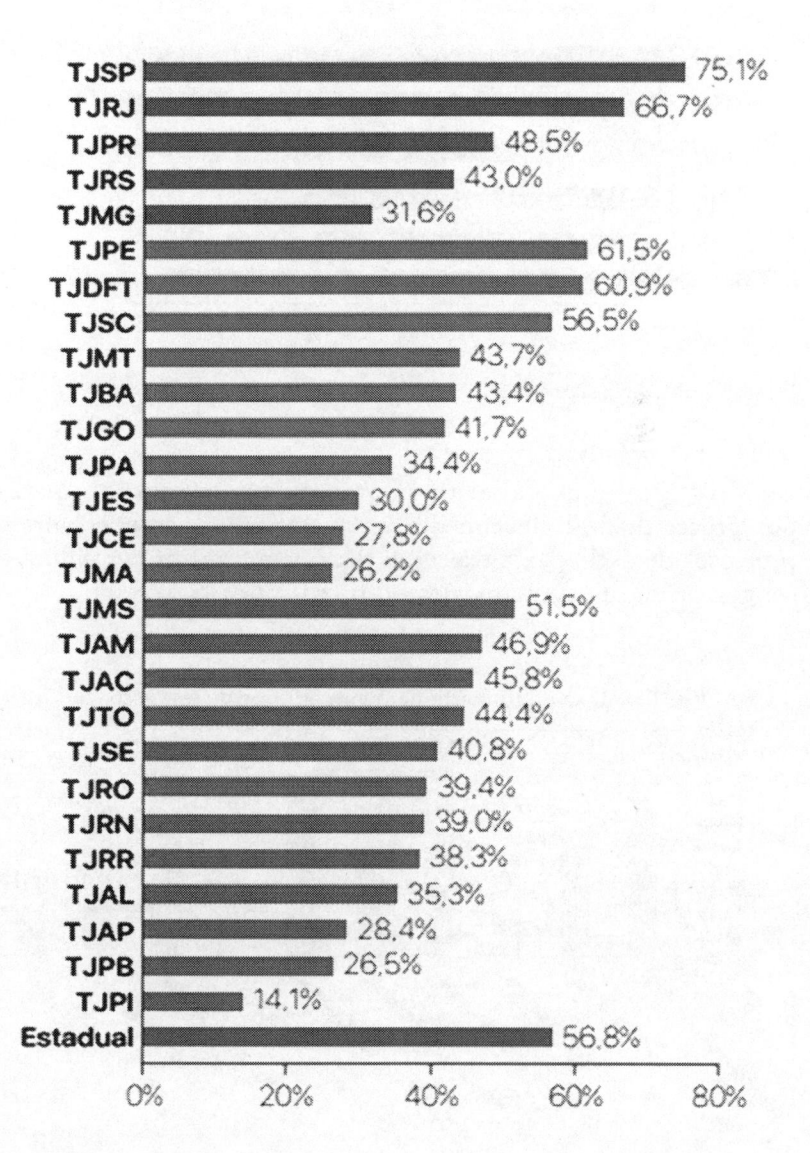

Tribunal	Percentual
TJSP	75,1%
TJRJ	66,7%
TJPR	48,5%
TJRS	43,0%
TJMG	31,6%
TJPE	61,5%
TJDFT	60,9%
TJSC	56,5%
TJMT	43,7%
TJBA	43,4%
TJGO	41,7%
TJPA	34,4%
TJES	30,0%
TJCE	27,8%
TJMA	26,2%
TJMS	51,5%
TJAM	46,9%
TJAC	45,8%
TJTO	44,4%
TJSE	40,8%
TJRO	39,4%
TJRN	39,0%
TJRR	38,3%
TJAL	35,3%
TJAP	28,4%
TJPB	26,5%
TJPI	14,1%
Estadual	56,8%

Fonte: BRASIL, CNJ, 2000, p. 153.

GRÁFICO 04 – Percentual de casos pendentes de execução em relação ao estoque total de processos na Justiça Federal

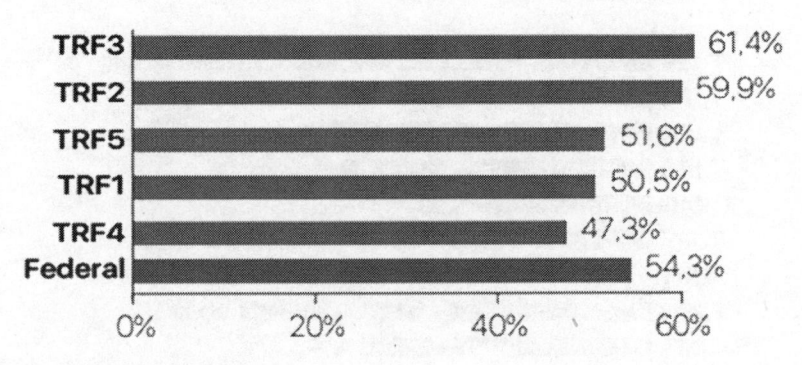

- TRF3: 61,4%
- TRF2: 59,9%
- TRF5: 51,6%
- TRF1: 50,5%
- TRF4: 47,3%
- Federal: 54,3%

Fonte: BRASIL, CNJ, 2000, p. 153.

Verifica-se que a taxa nos processos de execução supera a dos processos de conhecimento, na maioria dos casos. E entre os processos de execução, a execução fiscal tem o maior percentual de congestionamento, conforme demonstra o Gráfico 05, a seguir.

GRÁFICO 05 – Taxa de congestionamento por tipo de processo, ano 2019

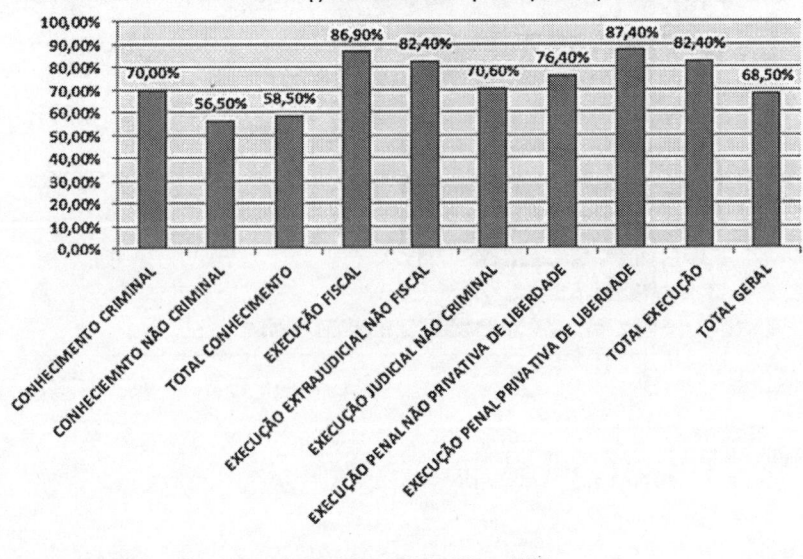

- CONHECIMENTO CRIMINAL: 70,00%
- CONHECIMENTO NÃO CRIMINAL: 56,50%
- TOTAL CONHECIMENTO: 58,50%
- EXECUÇÃO FISCAL: 86,90%
- EXECUÇÃO EXTRAJUDICIAL NÃO FISCAL: 82,40%
- EXECUÇÃO JUDICIAL NÃO CRIMINAL: 70,60%
- EXECUÇÃO PENAL NÃO PRIVATIVA DE LIBERDADE: 76,40%
- EXECUÇÃO PENAL PRIVATIVA DE LIBERDADE: 87,40%
- TOTAL EXECUÇÃO: 82,40%
- TOTAL GERAL: 68,50%

Fonte: Adaptado pela autora de BRASIL, CNJ, 2000, p. 155.

Ao longo dos anos, as execuções fiscais têm sido apontadas como a principal causa de morosidade e congestionamento do Poder Judiciário. Segundo análise do CNJ, o executivo fiscal somente ingressa no Poder Judiciário depois que as tentativas de recuperação do crédito tributário foram exauridas na via administrativa. Dessa forma, o processo judicial apenas reproduziria as providências de localização do devedor ou de seu patrimônio, já previamente adotadas, sem êxito, pela Administração Tributária.

O maior reflexo do congestionamento causado pelas execuções fiscais está na Justiça Estadual, que concentra 85% dos processos. A Justiça Federal responde por 15%.

Conforme registrado por Bruno Dantas, é possível constatar, por meio do relatório *100 maiores litigantes*, elaborado pelo Departamento de Pesquisas Judiciárias do Conselho Nacional de Justiça (referentes a ações novas distribuídas entre 1º.01.2011 e 31.10.2011), que 22,77% de todas as ações judiciais em curso no país têm como parte processual o Poder Público Federal (12,14%), Estadual (3,75%) ou Municipal (6,88%). Ressalte-se que a maior parte dos setores que figuram no topo da lista dos maiores litigantes corresponde às atividades reguladas pelo Estado, tais como setor bancário, telefonia, seguros, transportes e planos de saúde.[30]

O impacto desses processos é ainda mais significativo na Justiça Federal e Estadual. Na Justiça Federal, os processos de execução fiscal correspondem a 48% do seu acervo total de 1º grau. Na Justiça Estadual, a 43%.

Oportuno ressaltar que, no Tribunal de Justiça de São Paulo, as execuções fiscais representam um percentual de 63,5% (sessenta e três por cento) dos processos pendentes no 1º grau. Ou seja, mais da metade dos processos que tramitam em 1º grau na Justiça Estadual Paulista são execuções fiscais – volume, absolutamente, expressivo.

Nota-se que houve uma importante redução dos processos pendentes de execução fiscal pelo segundo ano consecutivo (-3,3%), bem como dos casos novos, também reduzidos no último ano (-5,1%). A redução do acervo e o aumento do número de baixados (28,2%) resultaram numa queda da taxa de congestionamento em 2,9 pontos

---

[30] DANTAS, Bruno. *Teoria dos recursos repetitivos*: tutela pluri-individual nos recursos dirigidos ao STF e STJ (art.543-B e 543-C do CPC). São Paulo: Revista dos Tribunais, 2015, p. 39-41.

percentuais em 2019. Todavia, embora tenha sido registrada uma redução considerável, ainda está muito distante do ideal de excelência desejado na prestação jurisdicional.

Cabe também pontuar que os Tribunais têm sumulado entendimentos que corroboram para a extinção em massa, e às vezes indiscriminada, de processos de execução fiscal, como é o caso da Súmula nº 392 do Superior Tribunal de Justiça,[31] que veda a substituição da certidão de dívida ativa (CDA), para alteração do sujeito passivo, ocasionando a extinção de milhares de execuções fiscais em todo o Brasil, haja vista o problema comum entre as Fazendas Públicas de manterem atualizados seus cadastros administrativos.

Assim, o fato de o índice de baixa dos processos de execução fiscal ter aumentado nos últimos dois anos não significa, necessariamente, efetivo progresso ou avanço no desempenho qualitativo da atividade jurisdicional, tampouco sucesso na atividade de arrecadação das receitas públicas, tão necessárias ao implemento de políticas públicas que impactariam na qualidade de vida dos cidadãos brasileiros.

Portanto, embora os dados quantitativos apurados pelo CNJ tenham apontado uma aparente evolução do Judiciário, tais dados não refletem a qualidade dessa mesma prestação jurisdicional. O fato de milhares de processos de execução fiscal terem sido extintos nos últimos dois anos não permite a conclusão de que sua extinção fosse a decisão judicial mais adequada para o caso.

Evidente a preocupação com a quantidade de baixa de processos, sem que se perceba a mesma preocupação com a qualidade da prestação jurisdicional fornecida. Não é razoável a quantidade de processos extintos sem resolução do mérito, pois extingue-se o processo, mas não se resolve o conflito e tampouco se arrecada os créditos públicos.

Segundo Samantha Ribeiro Meyer-Pflug e Mônica Bonetti Couto, a crise instalada no Judiciário não é apenas numérica, mas institucional e de legitimidade. As autoras registram sua preocupação com o aparente exagero no emprego (único ou predominante) de critérios quantitativos para a avaliação do desempenho da Justiça, nestes termos:

---

[31] Súmula nº 392 do STJ: A Fazenda Pública pode substituir a certidão de dívida ativa (CDA) até a prolação da sentença de embargos, quando se tratar de correção de erro material ou formal, vedada a modificação do sujeito passivo da execução. (BRASIL. Supremo Tribunal de Justiça (STJ). Súmula nº 392, Primeira Seção, jul. 23.09.2009, DJe, 07 out. 2009. Disponível em: https://scon.stj.jus.br/SCON/sumanot/toc.jsp. Acesso em: 12 set. 2020).

Preocupa-nos, porém, a leitura que se tem dado sobre a chamada e tão reclamada "eficiência do Poder Judiciário", calcada, precípua e notadamente, em critérios quantitativos que têm em mira a rapidez na prolação de sentenças. Nesse ambiente, parece deveras importante indagar e ponderar se essa eficiência ou rapidez pode ser obtida "a qualquer preço", ou "a qualquer título", na medida em que um indicador de quantidade nem sempre é sinônimo de qualidade.[32]

Nessa linha, registra-se que não foi possível observar, no detalhado relatório *Justiça em Números*, resultados que auferissem a qualidade da prestação jurisdicional, buscando identificar as causas das extinções em processo de execuções fiscais. Tais pesquisas poderiam identificar se a principal causa das extinções dos processos foi o pagamento, ou outras, como: prescrição, cancelamento administrativo, aplicação da Súmula nº 392 do STJ, entre outras, que não atenderiam à finalidade do processo executivo: o recebimento do crédito público.

Prossegue o relatório, observando que os tribunais da Justiça Federal apresentam o maior tempo de tramitação dos processos de execução fiscal, em média 10 (dez) anos. A Justiça Estadual leva, em média, 7 (sete) anos e 10 (dez) meses para baixar um processo de execução fiscal, enquanto a Justiça do Trabalho 7 (sete) anos e 1 (um) mês e a Justiça Eleitoral 4 (quatro) anos e 7 (sete) meses.

Constata-se que o quantitativo de processos baixados é sempre maior nos processos de conhecimento do que nos processos de execução. O Índice de Produtividade dos Magistrados (IPM) e o Índice de Produtividade Comparada da Justiça (IPS-Jus), na fase de conhecimento, equivalem a mais que o dobro do valor desses indicadores, na fase de execução.

Em todos os segmentos do Poder Judiciário, a taxa de congestionamento dos processos de execução supera a dos processos de conhecimento, com diferença que chega a 24 (vinte e quatro) pontos percentuais no total.

Cabe ainda destacar os dados apurados em relação aos meios alternativos de resolução de conflitos, como a Conciliação, pois serão relevantes para os assuntos que se pretende abordar, neste estudo.

---

[32] COUTO, Mônica Bonetti; MEYER-PFLUG, Samantha Ribeiro. Poder Judiciário, justiça e eficiência: caminhos e descaminhos rumo à justiça efetiva. *Revista de Doutrina da 4ª Região*, Porto Alegre, n. 63, dez. 2014. Disponível em: https://www.revistadoutrina.trf4.jus.br/artigos/edicao063/MonicaCouto_SamanthaMeyerPflug.html. Acesso em: 15 out. 2020.

A Conciliação, como movimento que incentiva os Tribunais a promover acordos nas fases pré-processual e processual, é política adotada pelo CNJ desde 2006, com a implantação do "Movimento pela Conciliação" e estimulada anualmente por meio das "Semanas Nacionais pela Conciliação".

Por intermédio da Resolução CNJ nº 125/2010, foram criados os Centros Judiciários de Solução de Conflitos e Cidadania (CEJUSCs) e os Núcleos Permanentes de Métodos Consensuais de Solução de Conflitos (NUPEMEC), visando a fortalecer e estruturar unidades destinadas ao atendimento dos casos de conciliação.

No fim de 2018 e início de 2019, relevantes avanços ocorreram na área, com o melhoramento do programa "Resolve", que busca a realização de projetos e de ações que incentivem a autocomposição de litígios e a pacificação social por meio da conciliação e da mediação, além da classificação dos CEJUSCs no conceito de unidade judiciária, pela edição da Resolução CNJ nº 219/2016, tornando obrigatório o cálculo da lotação paradigma em tais unidades.

O índice de conciliação é calculado utilizando-se o percentual de sentenças e decisões resolvidas por homologação de acordo em relação ao total de sentenças e decisões terminativas proferidas.

Na fase de execução, as sentenças homologatórias de acordo corresponderam, em 2019, a 6,1% do total de sentenças, e na fase de conhecimento, a 19,6%.

Curiosamente, a fase de conhecimento, em que o juiz tem de vencer a postulação das partes e a dilação probatória para chegar à sentença, é mais célere que a fase de execução, que não envolve atividade de cognição, somente de concretização do direito reconhecido na sentença ou no título extrajudicial. O processo leva quase o triplo de tempo na fase de execução (4 anos e 3 meses), comparada à fase de conhecimento (1 ano e 7 meses). Esse dado é confirmado com o índice observado na taxa de congestionamento, 82% na fase de execução e 58% na fase de conhecimento. Fato que pôde ser observado na maior parte dos Tribunais.

Conforme restou registrado no Relatório *Justiça em Números*, a execução fiscal continua sendo responsável pela maior parte do acervo e da morosidade da justiça. O tempo médio de uma execução judicial ou de um título executivo extrajudicial que não contenha a execução fiscal é de 3 (três) anos e 3 (três) meses, enquanto na execução fiscal o tempo é de 8 (oito) anos.

Assim, a litigiosidade no Brasil permanece alta e a cultura da conciliação e transação, enquanto política permanente do CNJ, apresenta lenta evolução. Reitera-se que, em 2019, apenas 12,5% de processos foram solucionados via conciliação. O novo Código de Processo Civil, que entrou em vigor em março de 2016, tornou obrigatória a realização de audiência prévia de conciliação e mediação. Em quatro anos, o número de sentenças homologatórias de acordo cresceu 30,1%, passando de 2.987.623 sentenças homologatórias de acordo no ano de 2015 para 3.887.226 em 2019. Em relação ao ano anterior, houve aumento de 228.782 sentenças homologatórias de acordo (6,3%).

A pesquisa também constatou que a política de incentivo à virtualização dos processos judiciais registrou enormes avanços na informatização dos tribunais a cada ano. A Resolução CNJ nº 185/2013, que instituiu o Sistema Processo Judicial Eletrônico (PJe) como sistema de processamento de informações e prática de atos processuais, impactou significativamente o percentual de processos autuados eletronicamente, que passou de 30,4% em 2013 para 90% em 2019.

Embora não tenha sido objeto da pesquisa do CNJ, o avanço na informatização dos Tribunais, em razão das ferramentas que disponibiliza, certamente colaborou para a melhora dos índices de eficiência do Poder Judiciário, consequentemente, para a tramitação mais célere das execuções fiscais, demonstrando que o uso das tecnologias pode ser um instrumento eficiente na busca do aprimoramento do serviço público, sobretudo na prestação jurisdicional. Espera-se que o CNJ possa trazer dados de comparação entre o tempo de tramitação de um processo de execução físico e eletrônico.

Não se ignora a necessidade de busca de maior segurança aos dados de processos digitais, em razão do recente ataque aos dados digitais criptografados do STJ, todavia a informatização dos processos judiciais é medida recentemente implementada e, como qualquer inovação, precisa de contínuo aperfeiçoamento.

Outro aspecto a ser destacado é a falta de especialização de parcela significativa dos magistrados para atuar nas demandas dos executivos fiscais, uma vez que 32,5% dos municípios brasileiros são providos de vara única, portanto, varas "cumulativas".

Portanto, é possível concluir-se que a especialização dos Juízes, isoladamente, não seria suficiente para mudar o quadro de insucesso das execuções fiscais no Brasil, pois 93,5% do total de processos de execução fiscal em tramitação na Justiça Estadual já tramitam em varas especializadas de execução fiscal, sem que tal fato impacte nos índices de insucesso das execuções.

Fator que talvez merecesse maior atenção do CNJ, enquanto órgão propositor de políticas e programas, decorre do fato de que, nas 261 (duzentas e sessenta e uma) varas exclusivas de execução fiscal dos Tribunais de Justiça de São Paulo, Rio de Janeiro e Pernambuco (1,8% do total de varas do Poder Judiciário), concentram-se 62,4% do total de processos de execução fiscal em trâmite em todo o Poder Judiciário brasileiro, representando 26% do total de processos em trâmite no 1º grau do Poder Judiciário.

Logo, em apenas três Tribunais Estaduais, dois deles localizados na Região Sudeste (São Paulo e Rio de Janeiro), concentram-se mais de 60% (sessenta por cento) do número total de execuções fiscais em tramitação, em todo o Poder Judiciário brasileiro, o que certamente justificaria um tratamento diferenciado, em razão de suas peculiaridades.

Constou, no recente relatório *Justiça em Números*, o maior índice de produtividade dos magistrados de toda a série histórica de mensuração deste índice, desde 2009. Isso significa que em 2019 os magistrados brasileiros apresentaram sua maior produtividade nos últimos onze anos, com elevação da produtividade média dos magistrados em 13% (treze por cento); utilizando como critério para essa mensuração a quantidade de aumento do número de processos baixados. Entretanto, novamente, não se mensurou a qualidade e adequação das decisões judiciais que culminaram na extinção de tais processos, nem por amostragem.

Também foi registrado o terceiro ano consecutivo de redução do acervo, após sete anos de aumento. Houve queda de quase um milhão de processos judiciais em tramitação no ano de 2018 e de um milhão e meio de processos em 2019. A variação acumulada nesses dois últimos anos foi na ordem de -3%. Esse resultado deriva do crescente aumento do total de processos baixados, que atingiu o maior valor da série histórica no ano de 2019, valor bem superior ao quantitativo de novos processos no Poder Judiciário, trazendo um resultado inédito para o Poder Judiciário, até então nunca observado.

Entretanto, em que pese os esforços e os avanços louváveis do Poder Judiciário nos últimos dois anos, a execução fiscal continua sendo seu principal gargalo, conforme reiteradamente constatado no relatório *Justiça em Números*, a merecer especial atenção dos órgãos de controle e órgãos propositivos, como o próprio CNJ.

Esse rol de informações e análises de dados colhidos pelo CNJ fornece à sociedade transparência acerca da atuação do Poder Judiciário, mostrando seus progressos e também seus entraves, com vistas ao aprimoramento contínuo da prestação jurisdicional.

O diagnóstico produzido mediante o minucioso estudo do CNJ é uma importante ferramenta de gestão. O conhecimento desses dados possibilita a execução de uma política de administração judiciária fundada em dados técnicos e precisos.

Um exemplo dessa possibilidade é a criação da Política Nacional de Priorização do Primeiro Grau de Jurisdição, que surgiu e vem sendo acompanhada a partir dos dados coletados pelo sistema Justiça em Números e a implementação recente do DataJud. Outra oportunidade que se descortina a partir do efetivo conhecimento da realidade é a necessidade de aprimoramento do sistema de execuções fiscais adotado no Brasil, novamente apontado como o maior gargalo do Poder Judiciário brasileiro.

As estatísticas demonstram a relevância de se focar, com prioridade e urgência, na temática das execuções fiscais. Demonstram que, na verdade, o sistema da execução fiscal no Brasil está em colapso.

Outro estudo que ratifica a relevância do tema, e que será mais detalhadamente abordado neste trabalho, foi desenvolvido pelo Instituto de Pesquisas Econômicas Aplicadas (Ipea), divulgado em janeiro de 2012.

Intitulado como *Custo Unitário do Processo de Execução Fiscal da União*,[33] tal estudo apresentou dados relevantes sobre o tempo médio total de tramitação do processo de execução fiscal, concluindo que, nas execuções fiscais ajuizadas pela Procuradoria Geral da Fazenda Nacional (PGFN), esse tempo é de 09 (nove) anos, 09 (nove) meses e 16 (dezesseis) dias, que a probabilidade de obter-se a recuperação integral do crédito é de 25,8% e que somente seria economicamente justificável promover-se judicialmente o executivo fiscal que não tenha por objeto a recuperação de valor inferior à R$21.731,45 (vinte e um mil reais, setecentos e trinta e um reais e quarenta e cinco centavos).

Ao longo dos quarenta anos de promulgação da LEF, constata-se que a tramitação do processo de execução fiscal é lenta, custosa e ineficiente, gerando consequências nefastas para a sociedade, pois

---

[33] BRASIL. Instituto de Pesquisa Econômica Aplicada (Ipea). Custo unitário do processo de execução fiscal da União. Brasília: Ipea, 2011. Disponível em: http://repositorio.ipea.gov.br/bitstream/11058/7862/1/RP_Custo_2012.pdf. Acesso em: 12 ago. 2020.

os tributos são fundamentais para a própria existência do Estado, que deles não pode prescindir para a consecução dos seus objetivos constitucionais.[34]

Portanto, pode-se afirmar que a execução fiscal no Brasil não passa das ruínas de um sistema e que os operadores do Direito, sobretudo os juízes e os Procuradores das Fazendas, na verdade, trabalham com os seus escombros, tentando fazer reviver um sistema que se encontra colapsado.[35]

A partir dessa constatação, nutre-se a expectativa de que a existência de um diagnóstico pautado em dados técnicos e precisos representa a possibilidade de formulação de políticas adequadas à solução dos problemas identificados e eleitos como prioritários. Espera-se que os diagnósticos e monitoramento realizados pelo Conselho Nacional de Justiça possam possibilitar e fomentar a mudança do paradigma acerca do maior gargalo do Poder Judiciário brasileiro: as execuções fiscais.

Desse modo, a implantação de um modelo de cobrança célere e eficaz contribuiria expressivamente para o melhoramento da qualidade de vida da população brasileira, ao passo que as verbas públicas para investimento seriam efetivamente arrecadadas.

---

[34] CAMPELLO, André Emmanuel Batista Barreto; FERNANDES, Helga Letícia da Silva. Execução fiscal: um colapso de um sistema. *Quanto custa o Brasil?*. Disponível em: http://www.quantocustaobrasil.com.br/artigos-pdf/execucao-fiscal-o-colapso-de-um-sistema.pdf. Acesso em: 31 mar. 2020.

[35] *Ibidem*.

EXECUÇÃO FISCAL
NO DIREITO COMPARADO

O modelo de execução fiscal brasileiro é concentrado na atuação do Poder Judiciário e, conforme demonstram as estatísticas, os resultados são desastrosos, evidenciando a necessidade premente de sua adequação e revisão. É com essa intenção que se busca, no Direito Comparado, a possibilidade de análise de modelos, estruturas, procedimentos e resultados que possam instigar e inspirar a busca de um novo modelo de executivos fiscais para o Brasil.

Segundo Thurony,[36] o estudo comparado do Direito Tributário é especialmente importante para os analistas de políticas públicas e legisladores, na medida em que o conhecimento do cenário internacional deve preceder quaisquer estudos de aprimoramento em âmbito doméstico.

Portanto, o objetivo da análise comparativa é aprender com outras possibilidades por meio da inspeção das práticas reais, ou seja, persuadir pelo exemplo.[37]

Desse modo, com o objetivo de se propiciar material para reflexão, para identificação de circunstâncias que possam subsidiar alterações normativas, orientadoras da criação de regime de execução fiscal alternativo ao modelo presente, é que se propõe a análise de alguns sistemas de execuções fiscais praticados no Direito Comparado.

É preciso, entretanto, como adverte Jules Michelet Pereira Queiroz e Silva,[38] esclarecer que a comparação sobre a "eficiência" do

---

[36] THURONYI, Victor. *Comparative tax law*. Londres: Kluwer Law International, 2003, p. 1.
[37] *Ibidem*, p. 04.
[38] SILVA, Jules Michelet Pereira Queiroz e. *Execução fiscal*: eficiência e experiência comparada. Disponível em: https://www2.camara.leg.br/atividade-legislativa/estudos-e-

processo de execução coativa de tributos entre os diferentes países deve considerar certas peculiaridades, pois nem todos os países disponibilizam dados específicos sobre os processos de cobrança coativa e existem particularidades econômicas e culturais que podem influir na maior ou menor eficiência da cobrança coativa. Por fim, ainda pode ser citada a questão das famílias legais, ou seja, a diferença fundamental entre as possibilidades legislativas e administrativas em países adeptos do *common law*, como os Estados Unidos da América (EUA), e adeptos do *civil law*, como o Brasil.

No entanto, na medida do possível, faz-se uma descrição concisa de alguns modelos de cobrança coativa de créditos públicos e sobre o índice de sucesso desses modelos para, nos demais capítulos, concluir por possíveis colaborações que esses referenciais possam fornecer ao modelo brasileiro.

Foram analisados modelos de cobrança de débitos tributários de 08 (oito) países, selecionados entre aqueles que adotam modelo de cobrança de créditos públicos na via administrativa e regime de governo democrático, países com diferentes níveis de desenvolvimento econômico, alguns com características culturais e geográficas similares ao Brasil, outros adeptos do *civil law* e *common law*: três países europeus (Espanha, França e Portugal), dois países norte-americanos (EUA e México) e dois sul-americanos (Chile e Argentina).

2.1 Países europeus

Serão analisados sistemas de três países europeus, Espanha, França e Portugal, por serem sistemas mais estudados pela doutrina e corresponderem a países que adotam a execução fiscal administrativa.

Na Espanha, o modelo de execução fiscal tem natureza administrativa. É conduzido, portanto, pela própria Administração Fiscal, a quem se atribuem amplos poderes e prerrogativas, tais como: penhora de bens, leilão, intervenção nos negócios do executado, constrição de salários, aposentadorias e rendimentos do devedor.[39] Garante-se, contudo, conteúdo amplo de direitos fundamentais que compreende

---

notas-tecnicas/publicacoes-da-consultoria-legislativa/areas-da-conle/tema20/2016_12023_execucao-fiscal-eficiencia-e-experiencia-comparada_jules-michelet. Acesso em: 16 abr. 2020.

[39] GODOY, Arnaldo Sampaio de Moraes. *A execução fiscal administrativa no direito tributário comparado*. Belo Horizonte: Fórum, 2009, p. 19.

a solidariedade como valor político.⁴⁰ A busca do equilíbrio entre o interesse do Fisco e os direitos e garantias dos contribuintes deve ser o parâmetro que norteia o procedimento.

Segundo Arnaldo Sampaio de Moraes Godoy,⁴¹ em palestra ocorrida em evento realizado em Brasília, em 02 de março de 2007, o tributarista espanhol Fernando Sermano Anton apresentou quadro geral do modelo de execução fiscal espanhol. Explicitou dois modelos de cobrança de créditos fiscais: judicial e administrativo. Esclareceu que o modelo judicial, na experiência europeia, mostra-se dispendioso, caro e carente de especialização, por parte de quem julga as questões, além de lento, formal e complexo.

Quanto ao modelo administrativo, ter-se-ia a realização de autotutela, por meio da confecção e expedição de título executivo, bem como a possibilidade de a própria Administração apreciar oposições que lhe são protocoladas. O modelo administrativo seria mais ágil, menos formalista e, no seu entender, poderia assegurar o mesmo conjunto de direitos e garantias que o contribuinte poderia exercer junto à execução fiscal que se processa no âmbito judiciário.

Na Espanha, a *recudación* (cobrança de tributos) acontece como resultado de pagamento voluntário ou como cobrança coativa, chamada de via de *apremio* (execução fiscal). A execução fiscal espanhola é regulada por uma Lei Geral Tributária, isto é, texto normativo que cuida de matéria fiscal em suas linhas gerais.⁴²

A execução fiscal espanhola processa-se em âmbito administrativo, cabendo à Administração tributária apreciar, julgar e executar os créditos tributários. Entretanto, importante ressaltar que na Espanha há um conteúdo amplo de direitos fundamentais.⁴³ Entre os direitos fundamentais do administrado está a disponibilidade de informações administrativas, conforme prevê o artigo 105 da Constituição Espanhola.⁴⁴ A legislação espanhola é informada por juízos de ponderação, no sentido de se sopesar conjunto de bens que possuem proteção similar na Constituição Espanhola.⁴⁵

---

⁴⁰ Cf. BARRANCO AVILÉS, Maria del Carmen. *La teoria jurídica de los derechos fundamentales.* Madrid: Dykinson, 2000, p. 373 *et seq.*
⁴¹ GODOY, *op. cit.*, p. 20.
⁴² GODOY, Arnaldo Sampaio de Moraes. *A execução fiscal administrativa no direito tributário comparado.* Belo Horizonte: Fórum, 2009, p. 21.
⁴³ BARRANCO AVILÉS, Maria del Carmen. *La teoría jurídica de los derechos fundamentales.* Madrid: Dykinson, 2000.
⁴⁴ PEREZ LUÑO, Antonio E. *Los derechos fundamentales.* Madrid: Tecnos, 1998, p. 167.
⁴⁵ Cf. DÍEZ-PICAZO, Luiz Maria. *Sistema de derechos fundamentales.* Madrid: Civitas, 2003, p. 363 *et. seq.*

A fase executiva inicia-se com o vencimento dos prazos que a legislação estabelece para os vários tributos em regime de primeira cobrança, o chamado período voluntário. Eventuais pedidos de prorrogação de prazo para pagamento, requerimento de parcelamento ou de compensação, se deduzidos durante o período voluntário, impedem o início da fase executiva, enquanto tramitarem.

De igual modo, a interposição tempestiva de recurso ou reclamação em face de sanção impede o início da fase executiva até que a decisão sancionatória administrativa transite em julgado, extinguindo-se, em seguida, o período voluntário que decorre da decisão administrativa.

Uma vez iniciada a fase executiva, a Administração está autorizada a cobrar seus créditos, conduzindo ela própria o procedimento. Somente a partir do início do prazo da fase de execução é que serão cabíveis os juros de mora e demais encargos, bem como as custas decorrentes dos gastos que a Administração efetuar com a cobrança administrativa.

A legislação espanhola outorga à Administração Fiscal um conjunto amplo de prerrogativas, que instrumentalizam e fomentam a cobrança do crédito tributário, inclusive autorizando o implemento administrativo de medidas cautelares. A autoridade fiscal espanhola tem livre acesso a documentos, livros, contabilidade, faturas, correspondência, base de dados, programas, registros e arquivos cibernéticos, quando relativos às atividades econômicas do contribuinte investigado. Em alguns casos, necessita-se de autorização judicial em face de eventual proteção constitucional do que se pretende investigar.

Pode ainda inspecionar bens, antecedentes e quaisquer outras informações necessárias à adequada exigência fiscal. Os funcionários do Fisco espanhol, nos termos do regulamento, têm livre acesso a estabelecimentos comerciais e industriais, desde que relacionados com os fatos e condutas investigados, na busca de provas. Havendo oposição do responsável em fornecer as informações ou possibilitar as atividades de busca, deve ser emitida ordem administrativa, devidamente formalizada. Se houver proteção constitucional em favor do local (domicílio, por exemplo), deve ser buscada autorização judicial.[46]

Os contribuintes devem colaborar e atender aos procedimentos e determinações das autoridades fiscais. As autoridades públicas também

---

[46] GODOY, Arnaldo Sampaio de Moraes. *A execução fiscal administrativa no direito tributário comparado*. Belo Horizonte: Fórum, 2009, *passim*.

devem prestar auxílio para os funcionários do Fisco no exercício de suas funções.

Autoridades fiscais e judiciárias têm dever de colaboração mútua. Medidas cautelares podem ser tomadas com o objetivo de se evitar o desaparecimento, destruição ou alteração de provas. Pode-se determinar o depósito ou apreensão de mercadorias, produtos, livros, documentos e arquivos em geral. Vedam-se as medidas que possam resultar em prejuízo de difícil reparação. Tais medidas devem ser ratificadas pelo órgão competente, liquidadas em 15 (quinze) dias e levantadas com o desaparecimento das circunstâncias que a motivaram. O processamento judicial da execução fiscal é vedado, dada sua natureza essencialmente administrativa.

Créditos fazendários detêm privilégios e a Fazenda Pública está dispensada de se manifestar em execuções comuns, nas quais se instaure o concurso de credores.

O modelo possibilita, nas hipóteses legais previstas, a suspensão da execução fiscal administrativa (hipóteses de erro material, compensação, parcelamento, prescrição), independentemente do oferecimento de garantias, por parte do executado. Também se suspende a execução, na hipótese de terceiro prejudicado por penhora, sendo cabível defesa similar aos embargos de terceiro do Direito Brasileiro.

O devedor pode opor-se à cobrança, embora contando com número limitado de hipóteses, a exemplo da prescrição ou do prévio recolhimento da dívida. O não recolhimento do débito, por parte do devedor, nos prazos previstos, autoriza a Administração a efetuar a penhora imediata dos bens do devedor, notificando-o em seguida.

A Administração deve respeitar o princípio da proporcionalidade ao longo da penhora e posterior arrematação, podendo, inclusive, adjudicar bens. Deve observar o princípio da menor onerosidade para o devedor e a ordem de penhora estabelecida. Cabe destacar que é permitido penhora de soldos, salários e aposentadorias no modelo de execução fiscal administrativo espanhol.

É o órgão administrativo quem determina o registro da penhora no órgão competente. Tal documento tem o mesmo efeito de ordem judicial.

A execução encerra-se com o recolhimento de débito; com a constatação de que o crédito é incobrável (por consequência da declaração de falência ou insolvências dos obrigados), podendo ser retomada, antes do escoamento do prazo prescricional, e na medida em que a Administração tomar conhecimento da solvência do obrigado.

Já em relação à França, o estudo acerca da execução fiscal deve ser precedido de esclarecimentos prévios. É preciso entender a atuação das várias jurisdições que há no país, a exemplo da justiça administrativa, que funciona de modo independente da jurisdição em sentido estrito (vinculada ao Poder Judiciário). Há dualidade de Justiça: a judiciária e a administrativa. Esta última é formada pelos próprios órgãos da Administração Pública e tem em seu ápice o Conselho de Estado.[47]

As causas civis e empresariais entre os cidadãos e as causas criminais são julgadas pela jurisdição judicial, enquanto as causas em que a Administração Pública é parte são julgadas pela Justiça administrativa.

O modelo francês pressupõe que o recolhimento de tributos aconteça voluntária e espontaneamente. O não recolhimento implica reação rigorosa do Fisco.

Na França, há o Código de Procedimento Fiscal, chamado de *Livre des Procedures Fiscales*, que especifica a função, o alcance e a competência das autoridades tributárias. Mencionadas autoridades conduzem a execução fiscal, que é exclusivamente administrativa na França.

A carga tributária atribuída aos franceses é considerada alta, inferior apenas à dos escandinavos e belgas, em âmbito europeu. No caso da execução fiscal, entende Collet[48] que a Administração Fiscal não é um credor comum, dessa forma, não precisa submeter-se à jurisdição judiciária para executar seus créditos, pois o ato é autoexecutório. Portanto, na França adota-se um procedimento integralmente administrativo.

As causas fiscais são apreciadas pela jurisdição administrativa. Existe um conjunto de setores da Administração que conhece as questões entre Administração e administrados em primeira instância, os órgãos de Contencioso Administrativo (*Contentieux Adminstratifs*). Dessas decisões cabe recurso para tribunais administrativos. Das decisões proferidas pelos Tribunais Administrativos cabe recurso para as Cortes Administrativas de Apelação. No ápice, o Conselho de Estado, órgão máximo em campo de discussões administrativas no direito francês.[49]

A atividade fiscal francesa divide-se em três grandes setores. Tais setores administram tributos diferentes e possuem competências específicas. Portanto, executam seus créditos com algumas singularidades.

---

[47] GODOY, Arnaldo Sampaio de Moraes. *A execução fiscal administrativa no direito tributário comparado*. Belo Horizonte: Fórum, 2009, p. 133.
[48] COLLET, Martin. *Droit Fiscal*. Paris: Presses Universitaries de France, 2013, p. 161.
[49] BORRAS, Philipe; GARAY, Alain. *Le Contentieux du Recouvrement Fiscal*. Paris: Librairie Générale de Droit et de Jurisprudence, 1994, p. 13.

Resumem-se em três superintendências subordinadas ao Ministro do Orçamento.[50]

Assim, o Fisco francês desenvolve três núcleos operacionais. O primeiro cuida da fixação da matéria imponível e da determinação do montante devido, chamado de fase de liquidação do tributo. O segundo é afeto ao controle do administrado, podendo reparar omissões e insuficiências na liquidação. É a fase fiscalizatória, propriamente dita. O último núcleo trata da fase de cobrança, o *encaissement*, que consiste na execução fiscal e medidas de penhora de constrição, que decorram da execução.

A execução fiscal administrativa funda-se em títulos executivos confeccionados pela Administração, qualificado como líquido e certo, mas não goza de presunção de validade absoluta.

O procedimento é regido pelo Código de Processo Fiscal (*Livre de Procedure Fiscal franceses* – LPF) e tramita por órgãos fiscais. A cobrança amigável ocorre pela emissão de avisos ao contribuinte. Após, são procedidos atos de constrição do patrimônio do contribuinte, realizados diretamente pelo agente fiscal responsável.

Os procedimentos variam dependendo do tributo a ser cobrado, mas em regra é permitida uma defesa administrativa apresentada até 15 (quinze) dias da notificação do ato de lançamento, com direito a recurso para órgãos administrativos superiores, condicionado ao depósito recursal de 10% (dez por cento) do valor devido.

Os agentes da Administração são habilitados a exercerem funções semelhantes às desempenhadas pelo oficial de justiça no direito brasileiro, como a penhora mobiliária e imobiliária. A legislação francesa também determina que depositários de valores pertencentes ao executado sejam obrigados, nos termos da notificação que lhes é enviada pela Administração, a devolverem o bem depositado, a pagarem ao Fisco e não ao credor originário.

Os "oficiais de justiça" administrativos, comissários, notários e depositários públicos estão proibidos de disponibilizar valores ou bens penhorados, sequestrados ou depositados a herdeiros, credores, ou quem quer que seja, sem que antes verifiquem e comprovem que o doador, cessionário ou devedor não tenham restrições por parte da Administração, no que toca ao recolhimento de tributos, bem como estão autorizados a recolher débitos tributários de responsabilidade de

---

[50] GODOY, *op. cit.*, p. 137.

titulares de bens e valores sob sua guarda, antes da entrega de bens ou valores retidos.

Vigora na França a concepção de Estado Social, em que o adimplemento da carga tributária é associado à estabilidade de benefícios sociais. Resultado dessa consciência é que o índice de recolhimento voluntário de tributos constituídos entre 2012 e 2014 ficou em torno de 98%.[51]

Além do alto índice de recolhimento voluntário de obrigações tributárias, o índice de recuperação de créditos pela Administração Tributária girou em torno de 63% em 2012, 74,5% em 2013 e 53,4% em 2014,[52] o que retrata também a eficiência dos procedimentos de recuperação de créditos na França.

Essa avaliação só é possível a partir da criação prévia de metas de arrecadação e posterior análise, pelos órgãos de controle, acerca do desempenho na arrecadação.

Assim, aliam-se, na França, um alto índice de recolhimento voluntário de tributos a um alto índice de recuperabilidade de créditos mediante cobrança coativa.

A execução administrativa na França dispõe de previsão de cooperação em âmbito da União Europeia. É facultado à Administração requerer aos Estados-Membros da Comunidade que prestem assistência no âmbito da cobrança de créditos tributários mediante troca de informações e outros.[53]

Já em Portugal, o modelo fiscal é disciplinado por três instrumentos normativos: uma Lei Geral Tributária, um Código de Procedimento Tributário e um Estatuto dos Tribunais Administrativos Fiscais. Também são permitidos modelos não jurisdicionais de composição de conflitos pela Constituição Portuguesa.[54]

O modelo atual é simplificado, se comparado com a estrutura histórica da tributação portuguesa.[55] No passado, tal modelo foi marcado pela incidência das mais variadas exações: arenzos, comboios,

---

[51] FRANÇA. *Orçamento geral da República*. Rapports annuels de performances 2014. Paris: Orçamento Geral, 2014, p. 27.

[52] *Ibidem*, p. 28.

[53] GODOY, Arnaldo Sampaio de Moraes. Penhora fiscal na França não inibe defesa de devedor. *Revista Consultor Jurídico*, 19 maio 2010. Disponível em: https://www.conjur.com.br/2010-mai-19/penhora-fisco-frances-nao-impede-defesa-contribuintes. Acesso em: 13 set. 2020.

[54] GODOY, Arnaldo Sampaio de Moraes. *A execução fiscal administrativa no direito tributário comparado*. Belo Horizonte: Fórum, 2009, p. 254.

[55] CASTRO, Augusto Olympio Viveiros de. *História tributária do Brasil*. Brasília: ESAF, 1989.

correntes, direitos de trazidas, guiagens, calendas, portagens, travessas (incidências sobre circulação), alcaidarias, argentárias, colheres, dízimas, gabelas, nabões, quintos, redizimas, salaios, tragamalhos e vieiros (incidências sobre produção).[56]

O sistema tributário português contemporâneo indica modernização convergente com a comunidade europeia, incluindo a administração fiscal e a execução fiscal.

O modelo de execução fiscal português desenvolve-se no âmbito administrativo[57] e prevê amplo conjunto de providências cautelares, em favor do Fisco, na proteção de créditos de recebimento duvidoso, estabelecendo modelo de colaboração entre a Administração tributária e os contribuintes.

As instituições de crédito e sociedades financeiras têm obrigação de fornecer à Administração tributária, quando solicitados, o valor dos pagamentos com cartões de crédito e débito.[58]

A Administração Tributária e os Tribunais fiscais exercem as competências relativas ao andamento, julgamento e desdobramento das execuções fiscais. A execução fiscal, portanto, desdobra-se em dois ambientes, nos órgãos de fiscalização e nos tribunais tributários.[59]

Peculiaridade do sistema português é a possibilidade do redirecionamento do feito, denominado de chamamento à execução aos responsáveis subsidiários.[60]

Além da certidão de dívida ativa, outros documentos podem instruir a execução fiscal, entre eles a certidão do ato administrativo que determina a dívida a ser paga.

Existe, no sistema de execuções fiscais português, previsão de conjunto de nulidades sanáveis, prevista na legislação, como a falta de citação, que normalmente é realizada pelo próprio órgão da execução fiscal, havendo também possibilidade do uso de cartas precatórias e rogatórias.[61]

---

[56] GODOY, José Eduardo Pimentel de; MEDEIROS, Tarcízio Dinoá. *Tributos, obrigações e penalidades pecuniárias de Portugal antigo.* Brasília: ESAF, 1983.
[57] GODOY, José Eduardo Pimentel de; MEDEIROS, Tarcízio Dinoá. *Tributos, obrigações e penalidades pecuniárias de Portugal antigo.* Brasília: ESAF, 1983, p. 255.
[58] *Ibidem*, p. 255.
[59] *Ibidem*.
[60] *Ibidem*, p. 257.
[61] *Ibidem*.

A dação em pagamento também é prevista como forma de extinção da execução fiscal. O Fisco pode efetivar penhor, arresto e hipoteca legal em seu favor. Salários e vencimentos também podem ser penhorados.[62]

A própria Administração pode conduzir o procedimento de hasteamento dos bens penhorados, bem como adjudicá-lo, caso não haja propostas.

O executado pode contestar a cobrança, por meio de "oposição". O representante da Fazenda Pública é notificado acerca da oposição e tem 10 (dez) dias, prorrogáveis para 30 (trinta), para se manifestar. Os recursos são encaminhados e julgados pelos Tribunais Administrativos.[63]

A execução fiscal portuguesa, marcadamente administrativa, qualifica-se como modelo célere que contrabalança adequadamente as pretensões do Fisco e dos contribuintes.

2.2 Países norte-americanos

Nos Estados Unidos da América, a Administração federal dispõe de dois modelos de cobrança de seus créditos tributários, o modelo administrativo (*administrative collection procedure*) e o modelo judicial (*foreclosure action*). O modelo administrativo pode ser caracterizado como mais célere, eficiente e de muito impacto. Os agentes do Fisco gozam de grande margem de discricionariedade, são respeitados e temidos pelos contribuintes.[64]

Ao identificarem cobranças que não apresentarão resultado, conhecidas no Brasil como "dívida podre", os agentes fiscais são autorizados a não prosseguirem com o procedimento de cobrança, concentrando-se em devedores de recuperação creditícia mais viável. Os agentes fazendários criam todo tipo de embaraço e dificuldades para o devedor. Estão autorizados a realizarem penhora administrativa, arresto de contas bancárias, de salários, de toda sorte de bens, onde estiverem. A vida comercial do executado é bastante comprometida.

---

[62] GODOY, Arnaldo Sampaio de Moraes. *A execução fiscal administrativa no direito tributário comparado*. Belo Horizonte: Fórum, 2009.

[63] CENTRO INTERAMERICANO DE ADMINISTRAÇÕES TRIBUTÁRIAS. *Modelo de Código Tributario del CIAT*: un enfoque basado en la experiencia iberoamericana. Cidade do Panamá, 2015, p. 139.

[64] GODOY, Arnaldo Sampaio de Moraes. *A execução fiscal administrativa no direito tributário comparado*. Belo Horizonte: Fórum, 2009, p. 119.

O executado pelo Fisco nos Estados Unidos da América sofre toda espécie de constrições, estando sujeito, inclusive, ao risco de responsabilização penal.[65]

Os agentes da *collection division* (Setor de Cobrança Administrativa) concentram um grande volume de prerrogativas, poder e discricionariedade para cobrar, penhorar, levar a leilão bens e até mesmo dar descontos e parcelar débitos.[66] Sempre deve ser avaliado o potencial sucesso de uma cobrança, não se estimulando o desperdício de esforços com cobranças infrutíferas, prática inerente à cultura daquele país.[67]

Nos EUA, inclusive, vige uma cultura de responsabilidade tributária voluntária (*voluntary compliance*), devida à percepção de que o pagamento do tributo não é uma obrigação indesejável, mas um compromisso inerente à própria cidadania, razão da amplitude dos poderes conferidos ao Fisco na cobrança coativa de tributos: aquele que não paga o que deve ao Poder Público, fica sujeito não apenas a uma rigorosa carga financeira, mas a um severo descrédito moral. Soma-se, ainda, uma legislação penal bastante implacável com os sonegadores fiscais.

A evasão fiscal nos EUA é considerada crime, punido com 5 anos de prisão e multa de até 100 (cem) mil dólares, além de penas civis. Os agentes do Fisco norte-americano também possuem o poder de realizar a prisão daqueles contribuintes que não efetuaram o pagamento dos tributos.[68]

A execução fiscal por via administrativa é o meio mais comum e mais utilizado, garantindo a tomada de bens do devedor para satisfação do crédito público sem a intervenção do Judiciário, dispensando-se maiores formalidades. Trata-se de procedimento que privilegia o Fisco

---

[65] GODOY, Arnaldo Sampaio de Moraes. Execução fiscal administrativa nos EUA intimida. *Revista Consultor Jurídico*, 26 maio 2010. Disponível em: https://www.conjur.com.br/2010-mai-26/execucao-fiscal-administrativa-eua-intimida-sumaria#:~:text=A%20execu%C3%A7%C3%A3o%20fiscal%20nos%20Estados,conflitos%20de%20interesse%20entre%20credores. Acesso em: 14 set. 2020.

[66] MELDMAN, Robert E.; SIDEMAN, Richard J. *Federal taxation*: practice and procedure. Chicago: CCH Incorporated, 1998, p. 307.

[67] GODOY, Arnaldo Sampaio de Moraes. *A execução fiscal administrativa no direito tributário comparado*. Belo Horizonte: Fórum, 2009, p.20.

[68] FRANCO, Caio César Amaral. Execução fiscal nos Estados Unidos da América: uma abordagem comparativa com o direito brasileiro. *Revista do Mestrado em Direito da Universidade Católica de Brasília*, Brasília, v. 13, n. 1, p. 178-193, jan./jun. 2019. Disponível em: https://portalrevistas.ucb.br/index.php/rvmd/article/view/10062. Acesso em: 15 out. 2020.

em todas as instâncias, temido pelas consequências e pelo tormento que representa na vida do contribuinte.

O devedor procura evitar a execução a todo custo, em razão de seus desdobramentos patrimoniais, além de possíveis efeitos em âmbito penal. A execução fiscal administrativa, portanto, intimida o devedor pela agressividade de seus procedimentos:

> Agentes do imposto de renda do setor de cobrança administrativa possuem, provavelmente, o maior volume de autoridade entre todos os empregados do governo. Possuem poder para cobrar e gerenciar débitos, diminuindo-os até. Tem autoridade para arrestar e vender propriedade, tipificar e penalizar pelo não cumprimento da legislação tributária. [...] A par disso tudo, possuem amplo espectro de mecanismos investigatórios.[69]

A execução fiscal judicial (*foreclosure action*) é utilizada para administrar conflitos de interesse entre credores. Trata-se de terceiros que também teriam direitos em relação aos bens dos devedores, de modo que a Administração fiscal busca o Judiciário para, preventivamente, sanar dúvidas que poderiam, eventualmente no futuro, esvaziar as diligências administrativas.

O procedimento da execução fiscal administrativa inicia-se com a inscrição do débito (*assessment of tax*). Refere-se a procedimento de anotação em lista oficial[70] acerca da responsabilidade pelo pagamento de certo débito, atribuído ao devedor. O lançamento fiscal é ato perfeito que goza de presunções. Não se ousa questioná-lo em juízo.

O documento *Form 23-C, assessment certificate* é preenchido pelo agente fiscal, identificando o nome do contribuinte, a dívida, seu valor, período de apuração e natureza do tributo. A partir desse ato de inscrição, o Fisco tem 60 (sessenta) dias para notificar o contribuinte para o imediato pagamento e dez anos para executar a dívida, administrativa ou judicialmente.

A notificação, em regra, é encaminhada para o último endereço do devedor de que se tem notícia (*last known address*).[71] Ao receber a notificação, o contribuinte tem 10 (dez) dias para recolher os valores

---

[69] MELDMAN, Robert E.; SIDEMAN, Richard J. *Federal Taxation*: Practice and Procedure. Chicago: CCH Incorporated, 1998, p. 307.

[70] MORGAN, Patricia T. *Tax Procedure and Tax Fraud in a Nutshell*. St. Paul: West Group, 1999, p. 189.

[71] KAFKA, Gerald A.; CAVANAGH, Rita A. *Litigation of Federal Civil Tax Controversies*. Boston: Warren, Gorhan & Lamont, 1997, p. 310.

cobrados,⁷² ficando informado de que há penhora iminente em contas bancárias, salários, ou quaisquer bens que possua.

Os agentes do Fisco devem observar modelo justo e equilibrado de cobrança (*fair tax collection practices*). São proibidos de comunicar-se com o contribuinte em seu local de trabalho, de abordá-lo com descortesia ou com linguagem obscena. O descumprimento dessa regra por parte do Fisco autoriza o contribuinte a ajuizar ação contra o Estado, para reclamar indenização.⁷³

O contribuinte pode ser procurado pelos agentes do Fisco para aderir à proposta de parcelamento ou composição da dívida.⁷⁴ Estatisticamente, o volume de execuções fiscais, administrativas ou judiciais tem diminuído muito nos últimos anos. As possibilidades de parcelamento (*installment agreements*) são muito amplas. Como condição, a dívida deve ser inferior a dez mil dólares (não contados juros e penalidades); o contribuinte não pode ser contumaz e reincidente, e deve ter comprovado que tem dificuldades financeiras para adimplir a obrigação tributária imediatamente.⁷⁵

O contribuinte compromete-se a recolher a dívida no prazo máximo de três anos.⁷⁶ Em nome do Fisco, o Secretário do Tesouro tem autonomia para conceder parcelamento se entender ser a forma mais adequada para cobrança do requerente.⁷⁷

O deferimento de parcelamento não é regra, é mera alternativa que o Fisco pode utilizar, a seu critério.⁷⁸ Uma vez deferido, suspendem-se prazos prescricionais e exige-se que o contribuinte preste conta com frequência, declinando sua situação financeira. Sua vida passa a ser monitorada pelo Fisco.⁷⁹

---

[72] MORGAN, *op. cit.*, p. 190.
[73] GODOY, Arnaldo Sampaio de Moraes. *A execução fiscal administrativa no direito tributário comparado*. Belo Horizonte: Fórum, 2009, p. 122.
[74] LEDERMAN, Leandra; MAZZA, Stephen. *Tax Controversies*: Practice and Procedure. New York: Lexis Pub., 2000, p. 562.
[75] GODOY, Arnaldo Sampaio de Moraes. Execução fiscal administrativa nos EUA intimida. *Revista Consultor Jurídico*, 26 maio 2010. Disponível em: https://www.conjur.com.br/2010-mai-26/execucao-fiscal-administrativa-eua-intimida-sumaria#:~:text=A%20execu%C3%A7%C3%A3o%20fiscal%20nos%20Estados,conflitos%20de%20interesse%20entre%20credores. Acesso em: 14 set. 2020.
[76] MORGAN, Patricia T. *Tax Procedure and Tax Fraud in a Nutshell*. St. Paul: West Group, 1999, p. 203-204.
[77] Internal Revenue Code, Sec. 6159 (a).
[78] LEDERMAN, Leandra; MAZZA, Stephen. *Tax Controversies*: Practice and Procedure. New York: Lexis Pub., 2000, p. 620.
[79] *Ibidem*, p. 621.

O contribuinte comprova o quanto pode pagar, como pagará e a fonte dos recursos que utilizará, dando conta, detalhadamente ao Fisco de sua condição econômica. Observa-se, apenas, o limite econômico necessário para que o contribuinte possa sustentar a si e a sua família (*basic living expenses*).[80]

Outra possibilidade de acordo é o *offer-in-compromise* (*OIC*), em que parcela do débito pode ser perdoado, se comprovada a impossibilidade real de pagamento. O contribuinte deve satisfazer certos requisitos, mas o Fisco pode aceitar ou não a proposta de OIC feita pelo contribuinte.[81]

Para ser aceita é necessária uma análise sobre o potencial razoável de arrecadação (*reasonable collection potential – RCP*) daquele contribuinte. O RCP é conceituado como o montante possível de ser arrecadado de cada contribuinte, considerando todos os meios existentes, sejam administrativos ou judiciais. Levam-se em conta: as despesas familiares do contribuinte, o total arrecadável dos bens do contribuinte, a expectativa de renda futura, o montante arrecadável de terceiros e a existência de bens que por alguma razão não possam ser alcançados pelo *Internal Revenue Sevice* (*IRS*), como bens situados no exterior.[82]

Oportuno destacar que o OIC pode obter mais resultados do que a cobrança coativa. Em 2007, para cada dólar cobrado, o IRS arrecadou 17 centavos em acordo de OIC e apenas 13 centavos em cobrança coativa.[83]

As formas de composição consensual, como os *installment agreements* e os OIC, têm alcançado relevantes resultados na cobrança

---

[80] Ibidem, p. 627 et seq.
[81] OEI, Shu-Yi. Getting More by asking less: justifying and reforming tax law's offer-in-compromise procedure. *University of Pennsylvania Law Review*, n. 160, issue 4, p. 1071-1137. Forthcoming, 2012, p. 1.083-1.084. Disponível em: https://www.law.upenn.edu/journals/lawreview/articles/volume160/issue4/Oei160U.Pa.L.Rev.1071(2012).pdf. Acesso em: 07 out. 2020.
[82] SILVA, Jules Michelet Pereira Queiroz e. *Execução fiscal*: eficiência e experiência comparada. Disponível em: https://www2.camara.leg.br/atividade-legislativa/estudos-e-notas-tecnicas/publicacoes-da-consultoria-legislativa/areas-da-conle/tema20/2016_12023_execucao-fiscal-eficiencia-e-experiencia-comparada_jules-michelet. Acesso em: 16 abr. 2020.
[83] OEI, Shu-Yi. Getting More by asking less: justifying and reforming tax law's offer-in-compromise procedure. *University of Pennsylvania Law Review*, n. 160, issue 4, p. 1071-1137. Forthcoming, 2012, p. 1.083-1.084. Disponível em: https://www.law.upenn.edu/journals/lawreview/articles/volume160/issue4/Oei160U.Pa.L.Rev.1071(2012).pdf. Acesso em: 07 out. 2020.

de débitos pelo Fisco norte-americano. Entre 2010 e 2014, a receita total de cobranças coativas cresceu 14%, enquanto os *installment agreements*, nesse mesmo período, cresceram 25%.[84]

Como visto, o IRS tem alcançado melhores resultados de arrecadação anualmente, não em razão da cobrança efetivamente coativa, mas mediante acordos com os devedores.[85]

Considerando-se o não adimplemento da obrigação, seguem-se quatro etapas: *lien* (pré-penhora), *levy* (penhora propriamente dita), *seizure* (arresto) e *sale by auction* (venda mediante leilão). A presunção de que a obrigação deve ser adimplida a qualquer custo instrui a celeridade em favor do Fisco.[86]

A Fazenda Pública tem poderes para penhorar administrativamente bens do devedor. O procedimento tem início com uma fase de pré-penhora, chamada de *lien*, tornando inalienáveis os bens do contribuinte em débito para com o Fisco federal, segundo dispõe a respectiva norma.[87] Não se prossegue com a penhora se o valor do débito for inferior a cinco mil dólares, se o devedor é falecido ou se ele não possui bens.[88]

A penhora (*levy*) e o arresto (*distraint*) também são feitos por discricionariedade do Fisco, que está autorizado, inclusive, a penhorar salários (*wages*) de funcionários públicos devedores de impostos.[89]

O contribuinte devedor não tem direito a sigilo bancário. O banco deve informar todas as quantias que o devedor possui em conta, congelar tais valores por 21 (vinte e um) dias e disponibilizá-los ao Fisco logo em seguida.[90]

Alguns bens não podem ser penhorados (*exempt from levy*). Entre eles, peças de vestuário (*wearing apparel*), livros escolares, provisão de gasolina, móveis, armas para uso pessoal, gado, aves domésticas (até o limite de seis mil duzentos e cinquenta dólares), livros técnicos, instrumentos de trabalho (até o limite de três mil cento e vinte e cinco

---

[84] SILVA, *op. cit.*
[85] *Ibidem.*
[86] GODOY, Arnaldo Sampaio de Moraes. *A execução fiscal administrativa no direito tributário comparado*. Belo Horizonte: Fórum, 2009, p. 124-125.
[87] *Ibidem.*
[88] LEDERMAN, Leandra; MAZZA, Stephen. *Tax Controversies*: Practice and Procedure. New York: Lexis Pub., 2000, p. 582-583.
[89] GODOY, Arnaldo Sampaio de Moraes. *A execução fiscal administrativa no direito tributário comparado*. Belo Horizonte: Fórum, 2009.
[90] MORGAN, Patricia T. *Tax Procedure and Tax Fraud in a Nutshell*. St. Paul: West Group, 1999, p. 202.

dólares), salário de seguro-desemprego, correspondência não entregue pelo correio ao destinatário, rendimentos de aposentadoria pagos pelo exército, marinha, força aérea, indenização por acidente de trabalho (*workmen's compensation*), valores determinados por decisão judicial para sustento de menor (*judgment for support of minor children*), parcela de salários (em média equivalente ao valor permitido pela dedução mínima a que todo contribuinte do imposto de renda tem direito).[91]

Realiza-se o leilão após a notificação do devedor, entre 10 (dez) a 40 (quarenta) dias da publicação de edital que dá publicidade ao ato. É dada ampla notícia desse tipo de venda. Trata-se de bom negócio (*bargain*), extremamente atrativo e muito eficiente para o Fisco.[92]

O procedimento todo é marcado pela celeridade, típico do realismo jurídico norte-americano.

O poder do Fisco é harmonizado pelo Serviço de Advocacia do Contribuinte (*Taxpayer Advocate Service – TAS*), coordenado pelo Advogado Nacional do Contribuinte (*National Taxpayer´s Advocate – NTA*). Trata-se de órgão específico do IRS que atua analisando a conduta dos agentes fiscais, identificando eventuais abusos, problemas e ineficiências e informando essa situação ao Congresso norte-americano, bem como recebe reclamações de contribuintes.

A execução fiscal por via judicial é procedimento raro, dada a eficiência da execução administrativa. Proposta nas *District Courts*, a execução é chamada de civil action ou de *foreclosure* action. Sua propositura depende de expressa autorização do Secretário do Tesouro, sendo conduzido pelo Procurador Geral ou por quem ele designar.[93]

Trata-se da possibilidade que o interessado tem para buscar intervenção judicial, quando verificados abuso e ilegalidade por parte do Fisco. Entretanto, exige-se esgotamento de instâncias administrativas.

Por sua vez, tratando-se do México, o artigo 107, III da atual Constituição mexicana prevê tribunais judiciais, administrativos e trabalhistas. A Constituição Mexicana dispõe que o Congresso tem poderes para instituir tribunais de contencioso administrativo, com autonomia para dirimir controvérsias entre a Administração Pública

---

[91] Exceções previstas no Internal Revenue Code, Sec. 6334 (a) e (b).
[92] GODOY, Arnaldo Sampaio de Moraes. *A execução fiscal administrativa no direito tributário comparado*. Belo Horizonte: Fórum, 2009.
[93] GODOY, Arnaldo Sampaio de Moraes. Direito comparado: Cortes tributárias e execução fiscal no direito norte-americano. *Revista Jus Navigandi*, Teresina, ano 12, n. 1521, 31 ago. 2007. Disponível em: https://jus.com.br/artigos/10343. Acesso em: 14 set. 2020.

Federal e os particulares, estabelecendo normas para sua organização, funcionamento, procedimento e recursos em face de suas próprias decisões.[94]

A Administração fiscal mexicana também se pauta por vários outros núcleos normativos, como Código Fiscal, Lei Federal de Procedimento Administrativo, o que indica um processo de reforma que avança a passos largos.[95]

As autoridades administrativas exigem o pagamento dos créditos fiscais não recolhidos ou garantidos nos prazos assinalados em lei, mediante procedimento administrativo de execução. Autoriza-se penhora provisória sobre os bens dos contribuintes, quando haja perigo iminente de que o obrigado realize qualquer manobra tendente a evadir-se do cumprimento da obrigação.[96]

A autoridade fiscal está autorizada a indisponibilizar os bens do contribuinte quando há oposição ou obstáculo ao início ou continuidade das investigações fiscais, especialmente, quando se oculta, impedindo a notificação, ou haja risco de alienação, dilapidação de bens ou recusa na apresentação de documentos contábeis. Não há necessidade de se provocar o Judiciário, embora possa ser provocado pelo contribuinte, alegando abuso ou ilegalidade gritante.[97]

A peculiaridade da execução fiscal administrativa mexicana se dá em relação à interrupção do lapso prescricional, na hipótese de o contribuinte deixar o domicílio fiscal sem ter apresentado o aviso correspondente de mudança ou quando identificar incorretamente seu domicílio.[98]

A Secretaria da Fazenda e do Crédito Público poderá cancelar créditos fiscais nas contas públicas, por impossibilidade de cobrança ou por insolvência do devedor.[99] A legislação define o que é considerado crédito incobrável, estabelecendo reação hipotética, entre o que se gastaria para a cobrança e o suposto resultado do alcance perseguido.

---

[94] GODOY, op. cit., p. 31.
[95] Ibidem.
[96] GODOY, Arnaldo Sampaio de Moraes. A execução fiscal administrativa no direito tributário comparado. Belo Horizonte: Fórum, 2009, p. 33.
[97] Ibidem, p. 34.
[98] Ibidem, p. 36.
[99] Art. 146 do Código Fiscal Mexicano (CFM). MÉXICO. Código Fiscal de la Federación (Código Fiscal Mexicano – CFM), p. 36. Disponível em: https://leyes-mx.com/codigo_fiscal_de_la_federacion.htm. Acesso em: 13 out. 2020.

Por exemplo, se o custo da cobrança atingir 75% (setenta e cinco por cento) do crédito perseguido, pode a autoridade fiscal deixar de cobrá-lo, cancelando-o.[100]

Consequentemente, prevê uma modalidade alternativa de extinção de crédito tributário, estabelecendo adequada relação entre o custo e o benefício. Entretanto, cabe esclarecer que o devedor não fica, desde já, liberado de eventual e superveniente pagamento.

Havendo pluralidade de créditos, de titularidade do Fisco federal e Fiscos locais, em face do mesmo devedor, justifica-se a propositura de execução fiscal administrativa conjunta. Existe previsão de convênios entre os Entes tributantes, dispondo de ordem de prioridade que deve ser observada, a partir do produto da arrecadação.[101]

Existe uma relativa preferência em favor do Fisco federal quanto ao recebimento de créditos. Entretanto, subordina-se à prévia liquidação de créditos hipotecários, alimentares, trabalhistas, de créditos infortunísticos ou demais indenizações, nos termos da legislação trabalhista mexicana.

Em nenhuma hipótese, o Fisco federal subordinar-se-á a juízo universal, ou seja, ao concurso universal de credores. Ao iniciar o processo falimentar, suspensão de pagamentos ou concurso de credores, o juiz que tomou conhecimento da matéria deverá comunicar às autoridades fiscais para que estas tornem exigíveis os créditos tributários de que são titulares, por meio do processo administrativo de execução.[102]

Na legislação mexicana que regulamenta a execução fiscal administrativa, existe previsão para recolhimento de valores para custear o procedimento de cobrança. Calculam-se tais rubricas mediante a aplicação de alíquota de 2% (dois por cento) ao crédito fiscal perseguido, lançado por diligência, na medida em que os atos procedimentais vão se realizando.[103]

As receitas arrecadadas a título de gastos com a execução são encaminhadas ao Fundo, destinado ao provimento de gastos decorrentes das cobranças administrativas, aos programas públicos de

---

[100] GODOY, op. cit., p. 36.
[101] GODOY, Arnaldo Sampaio de Moraes. *A execução fiscal administrativa no direito tributário comparado*. Belo Horizonte: Fórum, 2009, p. 36.
[102] Art. 149 do Código Fiscal Mexicano (CFM). MÉXICO. *Código Fiscal de la Federación* (Código Fiscal Mexicano – CFM). Disponível em: https://leyes-mx.com/codigo_fiscal_de_la_federacion.htm. Acesso em: 13 out. 2020.
[103] GODOY, op. cit., p. 39.

fomento ao cumprimento das obrigações fiscais e para financiamento de formação de funcionários fiscais.[104]

Há pormenorizados valores exigíveis a título de despesas com a execução fiscal administrativa: transporte de bens penhorados, avaliações, impressão e publicação de editais, diligências, solicitações de informações, registros públicos, honorários de depositários e de peritos, de interventores, confecção de escrituras públicas, entre outros.

Característica central da execução fiscal administrativa mexicana é a celeridade. O não recolhimento do débito por parte do devedor, após sua regular notificação, permite que a Administração possa, imediatamente, penhorar bens, leiloá-los, adjudicá-los em favor do Fisco. Pode, inclusive, intervir em negócios do devedor, garantindo o recebimento de seus créditos.

A própria Administração determina o registro nas repartições públicas competentes, no que se refere à penhora de bens de raízes, direitos reais ou atividades negociais. O procedimento é conduzido por um executor (*ejecutor*), designado pelo Chefe da agência interessada na cobrança.[105]

A penhora de depósitos bancários é precedida apenas de ofício encaminhado à agência bancária pela autoridade fiscal, determinando a indisponibilidade de valores. A conversão em renda em favor do Fisco far-se-á apenas após a confirmação da exigibilidade do crédito cobrado, e apenas até o montante necessário para a satisfação de tais valores.[106]

Também é possível a penhora de crédito, notificando diretamente os devedores do executado, para que eles efetuem o pagamento diretamente ao próprio Fisco. A desobediência permite que a Administração cobre em dobro daquele que deixou de pagar diretamente ao Fisco, realizando-o em favor do credor originário.[107]

O executor poderá requerer auxílio policial se o devedor ou qualquer outra pessoa impedir o acesso ao local em que se encontrem os bens penhorados ou penhoráveis. Poderá também, na presença de testemunhas, quebrar fechaduras, se necessário, para garantir o acesso ao local e dar continuidade à diligência.[108]

---

[104] *Ibidem*, p. 40.
[105] GODOY, Arnaldo Sampaio de Moraes. *A execução fiscal administrativa no direito tributário comparado*. Belo Horizonte: Fórum, 2009, p. 41.
[106] *Ibidem*, p. 42.
[107] *Ibidem*, p. 43.
[108] *Ibidem*.

A autoridade fiscal tem prerrogativa para intervir nos negócios do devedor, nomeando interventor. Poderá fazer penhora no caixa do devedor, destinar ao Fisco até 10% (dez por cento) dos ingressos efetivamente recebidos.[109]

O interventor deverá aprovar previamente movimentos de contas bancárias e de investimentos, que impliquem retiradas, transferências, pagamentos e reembolsos. Especialmente, se tiver conhecimento de irregularidades no manejo de negócios e operações que ponham em perigo os interesses do Fisco federal, deve determinar medidas provisórias urgentes que julgue necessárias para proteger o Fisco, informando ao órgão no qual se processa a execução fiscal administrativa que deverá ratificar ou modificar as medidas tomadas.[110]

A nomeação do interventor será anotada no órgão de registro público do domicílio da pessoa jurídica sob intervenção. A intervenção pode deixar de se limitar ao controle do fluxo de caixa e passar a alcançar a própria Administração do negócio. Pode ser requerido ao Poder Judiciário o início do procedimento do concurso mercantil, semelhante ao procedimento de liquidação em virtude de quebra.

Ao interventor se concedem amplos poderes, podendo cobrar, outorgar ou subscrever títulos de crédito, outorgar poderes especiais, bem como revogar atos praticados pela sociedade sob intervenção. Não subordinará sua gestão a conselho de administração, assembleia de acionistas, de sócios ou de demais interessados.[111]

Das receitas obtidas com o leilão de bens penhorados, devem ser destacados 5% (cinco por cento) para um fundo de administração e manutenção de bens sob constrição.[112]

Levanta-se a intervenção quando o crédito fiscal seja satisfeito ou quando se tenham alienados bens suficientes para o adimplemento da dívida tributária; comunica-se então o registro público correspondente, para que se cancele a anotação referente à constrição.

---

[109] Art. 165 do Código Fiscal Mexicano (CFM). MÉXICO. *Código Fiscal de la Federación* (Código Fiscal Mexicano – CFM). Disponível em: https://leyes-mx.com/codigo_fiscal_de_la_federacion.htm. Acesso em: 13 out. 2020.

[110] Art. 165 do Código Fiscal Mexicano (CFM). MÉXICO. *Código Fiscal de la Federación* (Código Fiscal Mexicano – CFM). Disponível em: https://leyes-mx.com/codigo_fiscal_de_la_federacion.htm. Acesso em: 13 out. 2020.

[111] Art. 166 do Código Fiscal Mexicano (CFM), *in fine*. MÉXICO. *Código Fiscal de la Federación* (Código Fiscal Mexicano – CFM). Disponível em: https://leyes-mx.com/codigo_fiscal_de_la_federacion.htm. Acesso em: 13 out. 2020.

[112] GODOY, Arnaldo Sampaio de Moraes. *A execução fiscal administrativa no direito tributário comparado*. Belo Horizonte: Fórum, 2009, p. 51.

2.3 Países sul-americanos

No Chile, o modelo de execução fiscal é considerado um modelo híbrido ou semijudicial, na medida em que conta com duas fases distintas: a primeira fase administrativa é conduzida por agentes fiscais, *Servicios de Tesorerías*. Nessa fase é possível se chegar à cobrança coercitiva, mediante penhora e leilão de bens ou conversão em renda.[113]

A segunda fase acontece nos tribunais judiciais, ocasião em que as execuções fiscais são conduzidas por advogados públicos, *abogado provinciales*.

Concede-se aos agentes fiscais o poder de requerer procedimentos especiais, inclusive restrições de liberdade do contribuinte devedor, principalmente em se tratando de infrações decorrentes do não repasse ao Fisco de valores descontados na fonte, em regime de substituição tributária.[114]

O Código chileno permite que as autoridades fiscais deixem de realizar cobranças ineficientes, ou seja, aquelas cujo montante a arrecadar não supere o valor gasto na cobrança.[115]

Ao Fisco chileno permite-se o acesso às declarações e documentos de contribuintes devedores, mediante autorização do *Tesorero General*, que também pode dispensar, por decisão fundamentada, a execução de dívidas de pequeno valor ou decorrentes de fatos que justifiquem a imprestabilidade da cobrança, embora, a qualquer momento, a cobrança possa ser retomada.[116]

A autoridade fiscal local, o *Tesorero Comunal*, pode ordenar a penhora, principalmente, de parcela do salário do executado, quanto aos valores que exceder às referências, utilizadas pelo Fisco chileno.[117]

É o agente fiscal (chamado de *ministro de fe*) quem realiza as notificações aos devedores. À Administração é atribuído poder para exigir dos devedores declaração de todos os seus bens. A negativa na entrega dessa declaração autoriza o Advogado Provincial requerer judicialmente medidas coercitivas. Pode ser solicitada força policial e força pública, bastando o requerimento do agente arrecadador, instruído por

---

[113] GODOY, Arnaldo Sampaio de Moraes. *A execução fiscal administrativa no direito tributário comparado*. Belo Horizonte: Fórum, 2009, p. 61.
[114] *Ibidem*.
[115] *Ibidem*, p. 62.
[116] *Ibidem*, p. 63.
[117] *Ibidem*, p. 64-65.

determinação do *Tesorero Comunal*, ou seja, a autoridade local. O uso de força policial a requerimento administrativo tem os mesmos efeitos se decorrente de ordem judicial.[118]

O executado pode apresentar defesa, chamada de "Oposição", no prazo de 10 (dez) dias, alegando número limitado de matérias, em regra, pagamento, prescrição ou irregularidades formais no procedimento.

O *Tesorero Comunal* tem prazo de 5 (cinco) dias para se manifestar sobre as alegações do devedor. Mantido seu silêncio ao longo desse prazo, a execução segue para o Advogado Provincial que continuará o procedimento, esgotando-se a competência da autoridade fiscal originária e os prazos para manifestação do contribuinte.[119]

O feito é saneado pelo Advogado Provincial que também se manifesta acerca das alegações apresentadas pelo devedor. Não sendo acolhidas as alegações do executado, o Advogado Provincial tem 5 (cinco) dias para encaminhar os autos para a Justiça Comum, um Tribunal Ordinário.[120]

A judicialização acontece no momento em que o devedor impugna a cobrança. Uma vez protocolada a impugnação, se não for deferida pelo agente fiscal, é encaminhada para apreciação do órgão de advocacia pública denominado *Abogado Provincial*.[121]

Após efetuar o exame de admissibilidade, cabe ao *Abogado Provincial* remeter a impugnação para decisão, pelo órgão judicial denominado *Tribunal Ordinario*.

A autoridade judicial competente é o *Juiz de Letras*, equivalente à primeira instância da Justiça Comum. Em segunda instância é a Corte de Apelação. Veda-se foro por prerrogativa de função ou qualquer outra alteração da competência em razão da condição do executado.[122]

Se o executado não protocolar impugnação, ou ainda, se for julgada improcedente e não houver hipóteses de suspensão da execução, cabe ao magistrado determinar a entrega dos bens penhorados e a realização

---

[118] *Ibidem*, p. 68.
[119] GODOY, Arnaldo Sampaio de Moraes. *A execução fiscal administrativa no direito tributário comparado*. Belo Horizonte: Fórum, 2009, p. 69.
[120] SILVA, Jules Michelet Pereira Queiroz e. *Execução fiscal*: eficiência e experiência comparada. Disponível em: https://www2.camara.leg.br/atividade-legislativa/estudos-e-notas-tecnicas/publicacoes-da-consultoria-legislativa/areas-da-conle/tema20/2016_12023_execucao-fiscal-eficiencia-e-experiencia-comparada_jules-michelet. Acesso em: 16 abr. 2020.
[121] GODOY, *op. cit.*, p. 69.
[122] *Ibidem*, p. 71.

do leilão. Tratando-se de bem móvel, designa-se um depositário fiel, recaindo a nomeação sobre agente do próprio Fisco.[123]

O modelo judicial de execução fiscal informa o procedimento em âmbito administrativo, supletivamente.

Débitos não cobráveis devem ser periodicamente reavaliados, retomando-se o procedimento de cobrança, no momento em que se tiver notícias de bens penhoráveis, respeitando-se os prazos prescricionais estabelecidos, em regra de três anos.[124]

Por sua vez, na Argentina, o direito, em geral, é transposição de modelo espanhol, o que os historiadores qualificam como um direito próprio, anteposto a um direito comum.[125] Embora haja um esforço para se conceber direito com características próprias,[126] há na Argentina um federalismo moderado, que suscita ação coordenada em matéria tributária, entre governo central e entidades provinciais.[127]

Na Argentina, o processo de execução fiscal é regulamentado pelo Decreto nº 821, de 13 de julho de 1998, que aprovou o texto da Lei nº 11.683, de 1978. O modelo de execução fiscal argentino é fracionado em etapas administrativas e judiciais, preponderando os atos administrativos.[128]

O modelo tributário é informado por um conjunto de princípios, de origem constitucional. Em razão do princípio da legalidade, todo tributo deve ser criado por lei.[129] A cobrança de tributos tem como objetivo a garantia da vida e da propriedade daqueles que recolhem as várias exações.[130]

Na via administrativa, existe o Tribunal Fiscal, com competência original e recursal. No decorrer da fase administrativa, os agentes fiscais podem penhorar, citar e tomar medidas cautelares. Possuem prerrogativas para o fechamento de estabelecimentos, principalmente em razão da presunção de que o devedor não recolhe os valores

---

[123] Ibidem, p. 76.
[124] GODOY, Arnaldo Sampaio de Moraes. *A execução fiscal administrativa no direito tributário comparado*. Belo Horizonte: Fórum, 2009, p. 105.
[125] BRAVO LIRA, Bernadino. *Derecho comum y derecho propio en el nuevo mundo*. Santiago: Jurídica de Chile, 1989.
[126] LEVENE, Ricardo. *Manual de historia del derecho argentino*. Buenos Aires: Depalma, 1985.
[127] CASIELLO, Juan. *Derecho constitucional argentino*. Buenos Aires: Perrot, 1954.
[128] BIDART Campos, German J. *Tratado elemental de derecho constitucional argentino*. Buenos Aires: Ediar, 1986, p 367.
[129] Ibidem, p. 111.
[130] GONZALEZ CALDERÓN, Juan A. *Derecho constitucional argentino*. T. II. Buenos Aires: Libreria Nacional, 1931.

cobrados pelo Fisco. A autoridade fiscal pode solicitar ordem de busca e apreensão, dirigida ao Judiciário, e pode requerer o auxílio de força policial.[131]

A execução fiscal é proposta pelo agente fiscal em âmbito administrativo, confeccionando mandado de intimação para imediato pagamento, podendo efetivar penhora nos bens do devedor, penhora de contas bancárias, fundos e valores depositados em entidades financeiras.[132]

O executado pode se opor à cobrança, fazendo-o de forma administrativa ou judicialmente. Existe um número limitado de matérias de defesa que podem ser arguidas.

A execução fiscal argentina desdobra-se junto à Administração, em regra, não obstante, ao Poder Judiciário, seja garantida competência corretiva, de modo permanente e recorrente.

É reservado aos Procuradores e agentes do Fisco o direito de receberem honorários.[133]

O Tribunal Fiscal aprecia as matérias em grau de recurso, entretanto não pode apreciar as questões de constitucionalidade de leis.[134]

Permite-se ao devedor o ajuizamento de ação ordinária, para discutir o crédito tributário que lhe é cobrado.

Embora autores, como Godoy,[135] identifiquem o sistema argentino de execuções fiscais como híbrido (judicial e administrativo), cabe destacar que outros, como Silva,[136] entendem tratar-se de modelo integralmente administrativo. Pois, ao contrário do Chile, em que a execução é administrativa e a defesa judicial, na Argentina, a defesa também teria natureza administrativa no seu entender, em razão de sua competência, ser atribuída ao Tribunal Fiscal integrante do Poder

---

[131] GODOY, Arnaldo Sampaio de Moraes. *A execução fiscal administrativa no direito tributário comparado*. Belo Horizonte: Fórum, 2009, p. 113.
[132] GODOY, Arnaldo Sampaio de Moraes. *A execução fiscal administrativa no direito tributário comparado*. Belo Horizonte: Fórum, 2009, p. 114-115.
[133] *Ibidem*, p. 116-117.
[134] *Ibidem*, p. 105-106.
[135] SILVA, Jules Michelet Pereira Queiroz e. *Execução fiscal*: eficiência e experiência comparada. Disponível em: https://www2.camara.leg.br/atividade-legislativa/estudos-e-notas-tecnicas/publicacoes-da-consultoria-legislativa/areas-da-conle/tema20/2016_12023_execucao-fiscal-eficiencia-e-experiencia-comparada_jules-michelet. Acesso em: 16 abr. 2020.
[136] GODOY, *op. cit.*, p. 148.

Executivo. A impugnação judicial das decisões é exceção, não sendo, sob sua ótica, cabível considerar o modelo como semijudicial.

2.4 Tendência mundial à implantação de mecanismos de desjudicialização para cobrança de créditos públicos

A comparação com outros países permite concluir que o sistema de execuções fiscais brasileiro precisa ser, de fato, mais eficiente. Um aspecto a ser considerado na comparação internacional é a ausência de sucesso em modelo de execução fiscal integralmente judicial, como é o caso do formato adotado no Brasil.

O abarrotamento do Poder Judiciário decorrente da propositura em massa de executivos fiscais também se mostra uma particularidade do sistema nacional, pois de todos os modelos estudados, apenas o brasileiro depende da condução judicial em sua integralidade.

O modelo mais próximo, no contexto alienígena, é o semijudicial, adotado em países como o Chile, ainda assim, com preponderância da fase administrativa.

No Direito Comparado, predomina a concepção de que o Estado ostenta a condição de credor extraordinário, razão pela qual se entende que o Estado não precisaria de intermediação do Poder Judiciário para cobrar seus créditos.

Destacam-se alguns modelos, como o da França, em que a cultura de cidadania fiscal, associada ao alto índice de eficiência da cobrança coativa, mitiga a sonegação.

Outro modelo que se destaca é o dos EUA, não apenas pelo cultivo da cultura de cidadania fiscal e, consequentemente pelo desvalor moral atribuído ao devedor tributário, mas também pelos resultados obtidos pelo uso de alternativas não coativas de cobrança, que ampliaram significativamente a eficiência na arrecadação dos últimos anos.

No exemplo norte-americano, o recurso às soluções consensuais objetiva arrecadar o quanto possível, sem, contudo, impossibilitar a recuperação de empreendimentos com pendências fiscais.

Como visto, a grande maioria dos modelos de execuções fiscais analisados processa-se em âmbito administrativo, cabendo à Administração tributária apreciar, julgar e executar os créditos tributários.

Em regra quase absoluta, é atribuído aos agentes fiscais um amplo conjunto de prerrogativas, que instrumentalizam e fomentam a cobrança do crédito tributário, tais como: citação; medidas cautelares; acesso a toda sorte de informações, documentos, base de dados necessários à perseguição do crédito; penhora de bens, respeitando a ordem de bens impenhoráveis; realização de leilão; intervenção nos negócios do executado; constrição de salários, aposentadorias e rendimentos do devedor; requisição de informações bancárias; penhoras de contas bancárias, fundos e valores depositados em entidades financeiras; decretação de indisponibilidade de bens e créditos diversos; determinação de registro nos órgãos competentes, com o mesmo efeito de ordem judicial; notificação de depositários a entregarem bens à Fazenda e não ao credor originário; proibição a notários, comissários e depositários de disponibilizar valores ou bens penhorados, sequestrados ou depositados a herdeiros, credores, sem que recolham débitos tributários; determinação de auxílio de força policial, quando necessário, entre outras.

Da comparação dos diferentes modelos de execução fiscal estudados, também foi possível notar que todos os países analisados possuem regras de "distribuição inteligente" da cobrança tributária. Ou seja, as autoridades administrativas são dispensadas de realizar a cobrança pelas vias ordinárias, de créditos considerados "incobráveis", segundo parâmetros estabelecidos pela legislação de cada país. De forma geral, aqueles créditos cuja possibilidade de êxito na cobrança é remota ou ainda aqueles cuja despesa gerada no procedimento de sua cobrança supera o próprio crédito cobrado.

Países que compõem blocos econômicos, como o da União Europeia, utilizam acordos de cooperação mútua, de modo que os Estados-Membros possam prestar assistência em âmbito de cobrança de créditos tributários, por meio de intercâmbio de informações e outros.

Também se observa, no Direito Comparado, a cobrança de valores referentes às custas, necessárias para a manutenção do procedimento administrativo de cobrança (transporte de bens penhorados, avaliação, impressões, publicação de editais, diligências, registros públicos e outros), bem como pagamento de horários de auditores e procuradores fiscais.

A legislação comparada estabelece obrigações para que os contribuintes colaborem e atendam às determinações das autoridades fiscais. As autoridades públicas em geral também devem prestar auxílio aos agentes fiscais no exercício de suas funções.

No Direito Comparado, a atividade do Fisco deve ser orientada pelo princípio da proporcionalidade, bem como pelo princípio da menor onerosidade para o devedor.

A experiência internacional demostrou que bons resultados são trazidos a partir da disponibilização de um leque amplo de medidas de cobrança: entre cobranças coativas, mas também acordos e parcelamentos para pagamento. O Chile, por exemplo, possibilita formas diversas de cobrança. No exemplo chileno, a maior taxa de eficiência está no uso de *call centers* para cobrança de pequenos débitos.

Questão interessante, observada na quase totalidade dos países estudados, é a criação e o acompanhamento de metas de arrecadação. O estabelecimento de metas permite analisar, pormenorizadamente, as irregularidades do sistema e, a partir daí, propor técnicas para seu aprimoramento.

Cabe ressaltar que Modelo de Código Tributário do Centro Interamericano de Administrações Tributárias (CIAT) acolheu, em seu art. 134, expressamente, a execução fiscal administrativa como modelo, e não a judicial.[137]

Tais constatações, na experiência comparada, devem servir para melhorar as carências do modelo nacional, pois o estudo comparado do processo de cobrança fiscal só faz sentido se for possível se estabelecer um referencial do que seria um processo eficiente de execução fiscal, não necessariamente apenas coativo.

---

[137] THEODORO JÚNIOR, Humberto. *Lei de execução fiscal*: comentários e jurisprudência. 12. ed. São Paulo: Saraiva, 2011, p. 613- 625.

CAPÍTULO 3

ANÁLISE DO PROJETO DE LEI Nº 5.080/2009 EM TRAMITAÇÃO NO CONGRESSO NACIONAL BRASILEIRO

Atualmente, a execução dos créditos públicos, tenham ou não natureza fiscal, é realizada unicamente por meio de processo judicial. Há quarenta anos vigora, no Brasil, a Lei nº 6.830, de 22 de setembro de 1980, dispondo sobre a cobrança judicial da dívida ativa da Fazenda Pública, inicialmente, com o propósito de acelerar e desburocratizar essa cobrança por meio do procedimento especial criado.

Na exposição de motivos apresentada à época pelos Ministros da Justiça, da Fazenda e da Desburocratização, restou consignado que o anteprojeto disciplinaria a matéria no essencial, para assegurar não só os privilégios e garantias da Fazenda Pública em Juízo, como também a agilização e racionalização da cobrança da dívida ativa.[138]

O respectivo anteprojeto estava inserido no Programa Nacional de Desburocratização, a que se referia o Decreto nº 83.740, de 18 de julho de 1979, uma vez que se propunha a simplificar o processo da execução da dívida ativa, reduzindo, substancialmente, o número de despachos interlocutórios do Juiz, liberando-o de trabalhos meramente burocráticos em favor da atividade especificamente judicante, prevendo a utilização dos serviços dos Correios para a citação dos executados, a melhor utilização do processamento de dados na execução fiscal, o descongestionamento das vias judiciais, nas duas instâncias, tudo em

---

[138] PRUDENTE, Antônio Souza. Execução administrativa do crédito da fazenda pública. *Revista de informação legislativa*, v. 45, n. 177, p. 31-46, jan./mar. 2008. Disponível em: http://www2.senado.leg.br/bdsf/handle/id/160251. Acesso em: 03 set. 2020.

consonância com os princípios constitucionais que regem os direitos e garantias individuais e as funções do Poder Judiciário.[139]

A experiência forense, entretanto, ao longo da vigência da Lei nº 6.830/80, não colheu os resultados previstos em sua exposição de motivos, não se registrou o almejado descongestionamento das vias judiciais, tampouco a celeridade na cobrança dos créditos públicos.

Conforme detalhadamente demonstrado pelos dados estatísticos do Conselho Nacional de Justiça, as execuções fiscais são responsáveis pelo maior índice de processos pendentes, numa perspectiva de crescente acúmulo, que há muito carece de mecanismos efetivamente agilizadores para sua realização.[140]

Diante de tal contexto e inspirado no Direito Comparado, foram propostos inúmeros projetos legislativos ao longo da última década, na tentativa de não apenas desjudicializar a execução fiscal, descongestionando o Poder Judiciário, como torná-la mais eficiente, a fim de, efetivamente, possibilitar ao modelo de Estado Social a realização de suas atribuições.

A partir da década de 1990, surgiram alguns anteprojetos e projetos de lei que pretendiam instituir o que foi chamado de "execução fiscal administrativa". As propostas de alteração legislativa, a exemplo do que ocorre em países como Portugal, Espanha, França, Estados Unidos e Argentina, consistem, basicamente, na atribuição de poderes à Administração Pública para realizar atos de constrição patrimonial e expropriação, de bens do devedor, independentemente da intervenção judicial.

3.1 Origem do projeto de Lei nº 5.080/2009

Inicialmente, foi apresentado o projeto de Lei do Senado sob o nº 174, de 1996 e, posteriormente, reapresentado sob o nº 608/99, pelo Senador Lúcio Alcântara. Mais uma vez, reapresentado pelo Senador Pedro Simon, por meio do PL nº 10/2005, propondo instituir, para a Fazenda Pública da União, Estados, Municípios e respectivas

---

[139] *Ibidem*.
[140] BRASIL. Conselho Nacional de Justiça (CNJ). Justiça em Números 2020: ano-base 2019. *CNJ*, Brasília, 2020. Disponível em: https://www.cnj.jus.br/wp-content/uploads/2020/08/WEB-V3-Justi%C3%A7a-em-N%C3%BAmeros-2020-atualizado-em-25-08-2020.pdf. Acesso em: 12 set. 2020.

autarquias, a penhora administrativa, a ser utilizada, facultativamente, como modo alternativo à execução fiscal prevista pela Lei nº 6.830/80.[141]

Antônio de Souza Prudente, Desembargador Federal do Tribunal Federal Regional da 1ª Região, em cumprimento aos termos da Resolução nº 296 do Conselho da Justiça Federal, que instituiu a Comissão de Altos Estudos da Justiça Federal, elaborou também minuta de dois anteprojetos de lei que estabeleciam a execução administrativa do crédito da Fazenda Pública.[142]

Referida minuta, que culminou no projeto de Lei da Câmara Federal nº 5.615, de 2005, apresentado pelo Deputado Celso Russomano, transcendeu a instituição da simples penhora administrativa. Referido projeto propunha outorgar à Procuradoria Fiscal dos Entes Públicos, respectivas autarquias e fundações, a autonomia para realizar verdadeira execução administrativa.[143]

As principais propostas do modelo apresentado são: execução processada nos autos da inscrição do crédito fiscal; penhora a ser realizada pelo órgão exequente; possibilidade de apresentação de exceção de pré-executividade pelo devedor, perante a própria Procuradoria Fiscal, para arguir matéria "declarável de ofício"; solicitação de força policial pelo agente do Fisco, mediante simples requisição; previsão de arresto dos bens de devedor não encontrado; alienação dos bens penhorados por meio de leilão público realizado pela Procuradoria do órgão fiscal, mediante ampla publicidade.[144]

Como visto, tal proposta legislativa, diferentemente da proposta de lei apresentada no Senado Federal, atribuía às Procuradorias da Fazenda Pública, das três esferas de governos, a competência para prática de atos executivos e expropriatórios, idênticos aos praticados pela autoridade jurisdicional.

---

[141] MELO, Carlos Francisco Lopes. Execução fiscal administrativa à luz da Constituição Federal. *Revista da AGU*, v. 11, n. 31, p. 110-142, jan./mar. 2012. Disponível em: https://pdfs.semanticscholar.org/1e78/e2eedc172e302ec88bdcafe0974500f25e2f.pdf. Acesso em: 06 out. 2020.

[142] PRUDENTE, Antônio Souza apud MELO, Carlos Francisco Lopes. Execução fiscal administrativa à luz da Constituição Federal. *Revista da AGU*, v. 11, n. 31, p. 110-142, jan./mar. 2012. p. 116. Disponível em: https://pdfs.semanticscholar.org/1e78/e2eedc172e302ec88bdcafe0974500f25e2f.pdf. Acesso em: 06 out. 2020.

[143] *Ibidem*, p. 115.

[144] PRUDENTE, Antônio Souza apud MELO, Carlos Francisco Lopes. Execução fiscal administrativa à luz da Constituição Federal. *Revista da AGU*, v. 11, n. 31, p. 110-142, jan./mar. 2012. p. 116. Disponível em: https://pdfs.semanticscholar.org/1e78/e2eedc172e302ec88bdcafe0974500f25e2f.pdf. Acesso em: 06 out. 2020.

Posteriormente, foi apresentada a minuta do anteprojeto de lei elaborado pela Procuradoria-Geral da Fazenda Nacional (PGFN) ao Ministro da Fazenda, por meio do Ofício nº 624/PGFN-PG, de 14 de março de 2007, renovando as atenções da sociedade para o tema da execução fiscal administrativa.

Em síntese, as principais alterações propostas no anteprojeto de lei da PGFN são: execução fiscal administrativa como modelo obrigatório para a União, Estados, suas autarquias e fundações e facultativo para os Municípios; expedição de ordem para penhora ou arresto proferida pelo próprio Ente Público; poderes conferidos à Administração para requisitar à autoridade do sistema bancário informações sobre a existência de ativos em nome do executado; alienação dos bens penhorados, por meio de leilão público realizado pela Fazenda Pública; possibilidade de arguição, perante a Fazenda Pública de exceção de pré-executividade; equiparação das prerrogativas dos oficiais fazendários às conferidas aos oficiais de justiça.[145]

Todavia, o anteprojeto anteriormente mencionado sofreu grande resistência no meio político e jurídico, antes mesmo de ser enviado ao Congresso Nacional, culminando na apresentação de nova minuta de projeto de lei, resultado do consenso obtido pelo grupo de trabalho formado por representante da Associação dos Juízes Federais do Brasil (AJUFE) e da Procuradoria Geral da Fazenda Nacional e que, ao fim, foi aprovado pelo Coordenador-Geral da Justiça Federal, Ministro Gilson Dipp.[146]

A nova minuta de anteprojeto de lei foi encaminhada ao Congresso Nacional pelo Presidente da República, sendo recebida como PL nº 5.080/2009, em 20 de abril de 2009, pela Câmara dos Deputados. Constou na exposição de motivos, apresentada pelo então Procurador-Geral da Fazenda Nacional, que o sistema de cobrança judicial caracterizava-se por ser moroso, caro, extremamente formalista e pouco eficiente. Isso decorria do fato de não ser o Judiciário agente de cobrança de créditos, mas sim instituição dedicada a aplicar o Direito e promover a justiça.[147]

---

[145] MELO, Carlos Francisco Lopes. Execução fiscal administrativa à luz da Constituição Federal. *Revista da AGU*, v. 11, n. 31, p. 110-142, jan./mar. 2012. Disponível em: https://pdfs.semanticscholar.org/1e78/e2eedc172e302ec88bdcafe0974500f25e2f.pdf. Acesso em: 06 out. 2020.

[146] *Ibidem*, p. 116.

[147] MELO, Carlos Francisco Lopes. Execução fiscal administrativa à luz da Constituição Federal. *Revista da AGU*, v. 11, n. 31, p. 110-142, jan./mar. 2012. Disponível em: https://pdfs.

Oportuno mencionar que, na Câmara dos Deputados, também tramita, em Comissão Especial formada, o Projeto de Lei nº 2.412/2007, de autoria do Deputado Régis de Oliveira, propondo alteração do modelo de execução fiscal no Brasil, a fim de implementar o sistema de execução administrativa. A esse projeto, foram oferecidos três substitutivos do Poder Executivo, numerados como 5.080/2009, 5.081/2009 e 5.082/2009, dispondo, respectivamente, sobre a cobrança administrativa da dívida ativa, o oferecimento de garantias na cobrança e a transação em matéria tributária.[148]

3.2 Aspectos gerais do projeto de Lei nº 5.080/2009

Em razão do recorte temático proposto neste estudo, que pretende analisar a proposta de implantação da execução fiscal administrativa no Brasil, limitou-se o estudo ao PL nº 5.080/2009, em razão de ser o mais recente projeto legislativo proposto acerca do tema, embora também sejam, pontualmente, analisados dispositivos específicos dos demais projetos correlacionados, em razão do efeito pedagógico da comparação.

Observa-se que o Projeto de Lei nº 5.080/2009 pressupõe que um dos entraves do processo executivo é o seu início sem a prévia análise da viabilidade de recuperação do crédito e sem precisar a localização de bens passíveis de penhora.

Propõe-se, por consequência, antecipar a esfera administrativa à verificação de patrimônio do contribuinte, um dos grandes entraves da execução fiscal, de modo que, somente após a localização de bens, a execução fiscal possa ser conduzida ao Poder Judiciário. Nesse sentido, preceitua o art. 3º do PL nº 5.080/2009 que os atos de constrição preparatória e provisória serão praticados pela Fazenda Pública credora, cabendo seu controle ao Poder Judiciário, na forma prevista nesta Lei.[149]

Evidente, portanto, que, a partir dessa medida, a investigação e constrição de bens não mais será exercício exclusivo da jurisdição,

---

semanticscholar.org/1e78/e2eedc172e302ec88bdcafe0974500f25e2f.pdf. Acesso em: 06 out. 2020.

[148] SILVA, Jules Michelet Pereira Queiroz. *Execução fiscal*: eficiência e experiência comparada. Disponível em: https://www2.camara.leg.br/atividade-legislativa/estudos-e-notas-tecnicas/publicacoes-da-consultoria-legislativa/areas-da-conle/tema20/2016_12023_execucao-fiscal-eficiencia-e-experiencia-comparada_jules-michelet. Acesso em: 16 abr. 2020.

[149] BRASIL. Câmara dos Deputados. *PL nº 5.080/2009*. Brasília: DF, 2009. Disponível em: https://www.camara.leg.br/proposicoesWeb/prop_mostrarintegra;jsessionid=A2BE04ABOF0DEF68D33ADE2E9152E89A.proposicoesWebExterno1?codteor=648721&filename=PL+5080/2009. Acesso em: 12 jan. 2020.

cabendo aos juízes apenas decidir acerca da conversão da constrição preparatória em penhora e atuar nas situações em que, efetivamente, haja conflito de interesses.

A constrição preparatória é temporária, limitada ao ajuizamento da execução fiscal pela Fazenda Pública, em regra, no prazo máximo de 30 (trinta) dias, a contar da efetivação da primeira constrição.

Com intuito de tornar mais célere a busca de informações acerca dos devedores, o Projeto de Lei nº 5.080/2009 autoriza, em seu art. 4º, a instituição de um Sistema Nacional de Informações Patrimoniais dos Contribuintes (SNIPC).[150]

Portanto, o art. 4º, §1º do PL nº 5.080/2009 autoriza o Poder Executivo a instituir o Sistema Nacional de Informações Patrimoniais dos Contribuintes, a ser administrado pelo Ministério da Fazenda, com base, inclusive, nas informações gerenciadas pela Secretaria da Receita Federal, organizando o acesso eletrônico às bases de informação patrimonial de contribuintes.

O objetivo da criação desse cadastro é permitir o acesso à investigação patrimonial mais eficiente, no momento da constituição do crédito ou após a inscrição em dívida ativa. Ainda depois de proposta a execução fiscal, não sendo encontrados bens do executado, poderá o SNIPC realizar novas diligências (art. 21, §3º do PL nº 5.080/2009).[151]

A instituição do SNIPC será de grande importância para superar o que tem sido identificado como um dos grandes pontos de estrangulamento do processo de execução: a localização dos bens do devedor. Os sistemas de consultas existentes são desarmonizados, de modo que a

---

[150] Art. 4º Concluída a inscrição em dívida ativa, será realizada investigação patrimonial dos devedores inscritos por parte da Procuradoria-Geral da Fazenda Nacional, da Procuradoria-Geral Federal, da Procuradoria-Geral do Banco Central do Brasil e pelos órgãos correspondentes dos Estados, Municípios e Distrito Federal, caso a referida investigação patrimonial não tenha sido realizada com êxito quando da constituição do crédito. §1º Fica o Poder Executivo autorizado a instituir Sistema Nacional de Informações Patrimoniais dos Contribuintes – SNIPC, administrado pelo Ministério da Fazenda, inclusive com base nas informações gerenciadas pela Secretaria da Receita Federal do Brasil, organizando o acesso eletrônico às bases de informação patrimonial de contribuintes, contemplando informações sobre o patrimônio, os rendimentos e os endereços, entre outras. §2º Os órgãos e entidades públicos e privados que por obrigação legal operem cadastros, registros e controle de operações de bens e direitos deverão disponibilizar para o SNIPC as informações que administrem. §3º Os Estados, o Distrito Federal e os Municípios, mediante convênio, poderão ter acesso ao SNIPC, nos termos do inciso XXII do art. 37 da Constituição.

[151] Art. 21, §3º: Encontrados que sejam, dentro do prazo prescricional, novos bens aptos a garantir a execução, e procedidas as devidas constrições e averbações, serão os autos reapresentados ao juízo competente para continuidade do processamento.

criação de sistema com base nacional, com cruzamento de dados a partir de diferentes fontes, certamente, aperfeiçoará a investigação acerca da localização e patrimônio dos contribuintes devedores.

Uma das grandes inovações trazidas pelo PL nº 5.080/2009 é a existência de uma fase pré-judicial ou administrativa, que precederia a propositura da execução fiscal. Nessa fase o executado será notificado da inscrição em dívida ativa, podendo, no prazo de 60 (sessenta) dias, pagar, parcelar ou oferecer garantia (art. 5º, *caput*, do PL nº 5.080/2009).[152] Transcorrido esse prazo, a Fazenda Pública deve iniciar os atos de constrição preparatória, que serão submetidos, posteriormente, ao controle do Poder Judiciário (artigos 3º, 5º, §6º do PL nº 5.080/2009).[153]

Outra relevante novidade do projeto de lei é a previsão de interrupção da prescrição, a partir da notificação do contribuinte, acerca da inscrição em dívida ativa (art. 5º, §10 do PL nº 5.080/2009).[154] Na atual Lei nº 6.830/1980, a prescrição é interrompida com o despacho do juiz que ordenar a citação (art. 8º, §2º da Lei nº 6.830/1980[155] e art. 174, parágrafo único, I, do Código Tributário Nacional).[156]

Assim, o art. 4º, §3º, do anteprojeto, estabelece um novo marco interruptivo da prescrição: a notificação administrativa da inscrição da dívida, sem qualquer intervenção judicial, o que evitaria a necessidade de propositura em massa de milhares de execuções fiscais, apenas para se evitar a prescrição.

Importante ressaltar que, nos termos do art. 146, III, "b" da CF (Constituição Federal) de 1988,[157] compete à lei complementar estabelecer normas gerais em matéria de legislação tributária, especialmente

---

[152] Art. 3º Os atos de constrição preparatória e provisória serão praticados pela Fazenda Pública credora, cabendo seu controle ao Poder Judiciário, na forma prevista nesta Lei. Art. 5º. §6º Transcorrido o prazo de que trata o *caput* sem que o devedor tenha praticado um dos atos previstos nos incisos de I a III, a Fazenda Pública deverá efetuar os atos de constrição preparatória necessários à garantia da execução.

[153] Art. 5º Inscrito o crédito em dívida ativa, o devedor será notificado do inteiro teor da certidão para, em sessenta dias, alternativamente: I - efetuar o pagamento, acrescido dos encargos incidentes; II - solicitar o parcelamento do débito por uma das formas previstas em lei; ou III - prestar garantia integral do crédito em cobrança, por meio de depósito administrativo, fiança bancária ou seguro-garantia.

[154] Art. 8º, §2º da LEF: O despacho do Juiz, que ordenar a citação, interrompe a prescrição.

[155] Art. 174 do CTN: A ação para cobrança do crédito tributário prescreve em 5 (cinco) anos, contados da data da sua constituição definitiva. Parágrafo único. A prescrição se interrompe: I - pelo despacho do juiz que ordenar a citação em execução fiscal.

[156] Art. 5º, §10. A notificação a que se refere o *caput* interrompe a prescrição, nos termos de lei complementar.

[157] Art. 6º A notificação será feita no endereço do devedor, por carta com aviso de recebimento, ou por outro meio, inclusive informatizado, com comprovação do recebimento.

sobre prescrição e decadência tributárias. Em razão dessa previsão constitucional, a inclusão da notificação administrativa da inscrição da dívida, como forma de interrupção da prescrição, dependeria de lei complementar, tal como foi previsto no próprio art. 5º, §10 do PL nº 5.080.

Não obstante, o STJ, por meio do Conselho da Justiça Federal, com intuito de cumprir o requisito estabelecido no art. 146, III, "b", da CF/1988, também elaborou anteprojeto de lei complementar para alteração do Código Tributário Nacional, inserindo, no art. 174 do CTN, o inciso V, estabelecendo a notificação ao devedor da inscrição em dívida ativa, como causa interruptiva da prescrição.

Convém, contudo, ressaltar que a dívida ativa da Fazenda Pública é constituída pela dívida definida em lei como tributária ou não tributária, abrangendo atualização monetária, juros e multa de mora e demais encargos previstos em lei ou contrato.

Ainda sobre a notificação da fase preparatória, dispõe o art. 6º, *caput* do PL nº 5.080/2009[158] que deverá ser feita no endereço do executado, por carta com aviso de recebimento, ou por outro meio, inclusive informatizado, com comprovação de recebimento.

Uma importante alteração proposta pelo projeto de lei está contida no §1º do art. 6º,[159] ao estabelecer a presunção de validade da notificação dirigida ou entregue no endereço informado pelo devedor à Fazenda, a partir da prova de seu recebimento ou mesmo por meio informatizado, abrindo espaço para uso do *e-mail*.

Referido projeto traz significativas alterações quanto aos dois maiores percalços conhecidos da execução fiscal. Conforme destaca Nota Técnica da Associação dos Juízes Federais do Brasil (AJUFE), a respeito do Projeto de Lei em comento:

> Quem conhece a realidade da execução fiscal sabe que a paralisação dos processos executivos se deve ou à falta de citação do devedor que se encontra em lugar incerto e não sabido, ou à ausência de indicação, pelo exequente, de bens penhoráveis.[160]

---

[158] Art. 146 da CF: Cabe à lei complementar: III - estabelecer normas gerais em matéria de legislação tributária, especialmente sobre: b) obrigação, lançamento, crédito, prescrição e decadência tributários.

[159] Art. 6º, §1º: Presume-se válida a notificação dirigida ou entregue no endereço informado pelo devedor à Fazenda Pública, a partir da prova de seu recebimento.

[160] GOMES, Ricardo Anderson. Perspectivas para a cobrança de créditos tributários no ordenamento jurídico brasileiro. *Revista de Direito Tributário Contemporâneo*, São Paulo, v. 2, n. 8, p. 139-164, set./out. 2017.

Os cadastros dos Entes Públicos, em regra desatualizados, bem como a propositura tardia dos processos, associada à morosidade do Poder Judiciário, são fatores que culminam no fracasso, comprovado pelas estatísticas do CNJ, na localização dos contribuintes/devedores e na promoção de sua citação.

Em que pese as atribuições do Estado terem sido agigantadas, não foram, na mesma proporção, agigantadas as prerrogativas daquele Ente, a fim de aparelhá-lo, na perseguição de seus créditos, necessários à implementação daqueles fins.

Assim, o que o projeto legislativo propõe é a observância do efetivo respeito ao princípio da supremacia do interesse público sobre o privado, atribuindo a obrigação, até então imposta ao Ente Público, de investigar o paradeiro de seus devedores, ao próprio contribuinte. Impondo-lhe o dever de informar e manter atualizado seus dados, nos cadastros públicos, sob pena de ser considerado notificado, no endereço informado à Fazenda.

Desse modo, o projeto reforça a necessidade de colaboração do executado, que deve manter seu endereço atualizado e informá-lo à Fazenda quando houver modificação temporária ou definitiva (art. 6º, §2º do PL nº 5.080/2009).[161]

Outra obrigação imposta ao devedor ou responsável legal é o dever de relacionar quais são e onde se encontram todos os bens ou direitos que possui, inclusive aqueles alienados entre a data da inscrição em dívida ativa e a data de entrega da relação (art. 5º, §4º do PL nº 5.080/2009).[162] O executado é obrigado a comunicar ao juízo da execução toda a movimentação que fizer em seu patrimônio que prejudique a satisfação do crédito da Fazenda Púbica, sob pena de ineficácia do ato praticado.

O PL nº 5.080/2009 prevê a realização de atos de constrição sobre o patrimônio, tanto na via administrativa quanto na judicial. Na fase administrativa, a autoridade fiscal pode realizar atos de constrição preparatórios, proceder à avaliação dos bens (art. 9º, I, do PL nº 5.080/2009), a intimação da constrição (art. 9º, II, do PL nº 5.080/2009)[163] e o registro

---

[161] Art. 6º, §2º: Cumpre ao devedor atualizar o seu endereço e informá-lo à Fazenda Pública quando houver modificação temporária ou definitiva.

[162] Art. 5º, §4º: O devedor ou o responsável legal que não praticar um dos atos descritos nos incisos I a III do *caput* deverá relacionar quais são e onde se encontram todos os bens ou direitos que possui, inclusive aqueles alienados entre a data da inscrição em dívida ativa e a data da entrega da relação, apontando, fundamentalmente, aqueles que considera impenhoráveis.

[163] II - a intimação da constrição preparatória ao devedor;

da constrição nos órgãos competentes (art. 9º, III, do PL nº 5.080/2009).[164] Todos esses atos são realizados por meio do despacho da autoridade administrativa, independentemente de prévia autorização do Judiciário.

Uma vez efetivada a constrição preparatória, resta vedada a alienação ou a constituição de ônus sobre o bem ou direito objeto da constrição, pelo prazo de 120 (cento e vinte) dias (art. 9º, §2º do PL nº 5.080/2009),[165] caracterizando verdadeira declaração de "indisponibilidade de bens", sem a necessária intervenção judicial.

Fato é que o art. 185 do CTN já estabelece serem fraudulentas as alienações de patrimônio havidas depois da inscrição de um débito em dívida ativa. Assim, a medida em questão teria o propósito de proteger terceiros de boa-fé, que poderiam ser lesados, bem como evitar a ineficácia das execuções fiscais em face do esvaziamento patrimonial de contribuintes, para furtar-se ao pagamento de tributos.

Localizados bens suficientes à satisfação do crédito, o contribuinte poderá ser executado. Caso contrário, para se evitar a propositura de ações de execução fiscal inúteis, a ação não será proposta, devendo a Fazenda Pública utilizar outros expedientes extrajudiciais de cobrança, tais como o protesto da CDA, transação, entre outros, conforme adiante se demonstrará.

No momento em que tomar ciência do ato de constrição, terá o devedor prazo de 15 (quinze) dias para impugnar a avaliação de bens, declinando o valor que entende correto, devendo o órgão de cobrança competente responder à impugnação, também em 15 (quinze) dias. Na hipótese de o órgão de cobrança não acolher a impugnação, o devedor poderá renová-la em juízo.

Caso a constrição preparatória não seja convertida em penhora ou arresto pelo Poder Judiciário, no prazo de 120 (cento e vinte) dias, os órgãos de controle ou registro de bens e direitos deverão promover automaticamente a desconstituição da constrição, comunicando imediatamente o ato ao SNIPC, preferencialmente por meio informatizado (art. 9º, §3º do PL nº 5.080/2009).[166]

---

[164] III - o registro da constrição, cujas custas ficarão, ao final: a) a cargo do devedor se for a execução julgada procedente; ou b) a cargo da Fazenda Pública, caso seja indevida a constrição, ou seja, a execução julgada improcedente.

[165] Art. 9º, §2º: Efetivada a constrição preparatória, resta vedada a alienação ou a constituição de ônus sobre o bem ou direito objeto da constrição pelo prazo de cento e vinte dias, sem prejuízo do disposto no art. 185 da Lei nº 5.172, de 1966.

[166] Art. 9º, §3º: Decorrido o prazo do §2º sem a convolação da constrição preparatória ou da provisória em penhora ou arresto, por parte da autoridade judiciária, os órgãos de controle

O ajuizamento da execução fiscal deverá ser feito no prazo de 30 (trinta) dias, a partir da primeira constrição (art. 13, *caput* do PL nº 5.080/2009).[167] O despacho do juiz que deferir à inicial importa em ordem para citação, convolação da constrição preparatória em penhora ou arresto, intimação do executado da convolação da constrição preparatória em penhora e registro da penhora ou arresto, independente de custas ou despesas (art. 13, §7º do PL nº 5.080/2009).[168]

Havendo necessidade, a Fazenda Pública poderá promover o reforço da constrição preparatória insuficiente e a substituição de bens objetos de constrição por outros, obedecida a ordem enumerada no Código de Processo Civil (artigos 14 e 15 do PL nº 5.080/2009).[169]

Essa constrição, "substitutiva ou complementar", é denominada de "provisória" pelo projeto, que, ao contrário da preparatória, não ocorre antes do ajuizamento da execução fiscal, mas durante o seu curso, pela própria autoridade administrativa. Será promovida com o intuito de reforçar a garantia insuficiente ou substituir bens penhorados.

A constrição provisória, se realizada, deve ser informada ao juízo no prazo de 5 (cinco) dias da sua efetivação, sob pena de caducidade, a ser declarada pelo juízo no ato de sua ciência (art. 15, §1º do PL nº 5.080/2009).[170]

Quando a constrição preparatória ou provisória recair sob dinheiro, será efetivada pela Fazenda Pública, determinada por intermédio da autoridade supervisora do sistema bancário. Nesse caso, a Fazenda

---

e registro de bens e direitos deverão promover automaticamente a desconstituição da constrição, comunicando imediatamente esse ato ao SNIPC, preferencialmente por meio informatizado.

[167] Art. 13. A Fazenda Pública deverá providenciar o ajuizamento da execução fiscal, ressalvado o disposto no §1º do art. 17, no prazo de trinta dias, contados da efetivação da primeira constrição.

[168] Art. 13, §7º: O despacho do juiz que deferir a inicial importa em ordem para, preferencialmente por meio eletrônico: I - citação; II - convolação da constrição preparatória em penhora ou arresto; III - intimação do executado da convolação da constrição preparatória em penhora; e IV - registro da penhora ou arresto independentemente do pagamento de custas ou despesas.

[169] Art. 14. Em qualquer momento, poderá ser deferida pela Fazenda Pública, antes do ajuizamento da execução, ou pelo Juiz, após o ajuizamento, ao executado, a substituição de garantia por depósito em dinheiro, fiança bancária ou seguro-garantia. Art. 15. A Fazenda Pública poderá, no interesse da eficácia da execução, promover diretamente o reforço da constrição preparatória insuficiente e a substituição de bens objeto de constrição por outros, obedecida a ordem enumerada no art. 655 da Lei no 5.869, de 1973.

[170] Art. 15, §1º: A constrição efetuada após o ajuizamento da execução fiscal é provisória e deverá ser comunicada ao juízo da execução fiscal no prazo de cinco dias da sua efetivação, sob pena de caducidade, a ser declarada pelo juízo no ato de sua ciência.

Pública deverá ajuizar a execução fiscal em 3 (três) dias, após a realização da constrição preparatória, sob pena de ineficácia da constrição. A partir da efetivação da constrição, a Fazenda deverá também comunicar à autoridade do sistema bancário, no prazo de 10 (dez) dias, o ajuizamento tempestivo da execução, sob pena de desconstituição imediata e automática da constrição (art. 17, §§1º e 2º do PL nº 5.080/2009).[171]

Sobre essa questão, vale registrar o risco de descumprimento de prazos tão curtos estabelecidos para a Fazenda, em meio aos milhares de processos sob sua responsabilidade, e a burocratização desse procedimento, demandando, em torno do mesmo ato, várias diligências por parte da Fazenda.

Caso não seja encontrado patrimônio para satisfazer a dívida, a autoridade administrativa suspenderá o seu ajuizamento, podendo ordenar o arquivamento se decorrido o prazo de 1 (um) ano, sem que haja alteração na situação patrimonial. Pode, ainda, reconhecer a prescrição intercorrente, decretando-a de plano.

A qualquer tempo, quando encontrados bens, os autos do processo administrativo serão desarquivados e será dado prosseguimento à cobrança, observando sempre os prazos prescricionais.

Não obstante, havendo a realização de atos de constrição por parte da Fazenda Pública, é assegurado ao devedor o acesso ao Judiciário por meio das ações de impugnação previstas no PL nº 5.080/2009, incluindo os embargos à execução.

Oportuno destacar a intenção de se atribuir aos oficiais da Fazenda Pública, no exercício de suas funções, as mesmas prerrogativas e fé pública, conferidas por lei, ao oficial de justiça, conforme previsão do art. 31.[172]

Nesse viés de inovações, cabe ressaltar que o Projeto atribui à certidão de dívida ativa característica de título executivo apto a

---

[171] Art. 17. A constrição preparatória ou provisória de dinheiro em conta bancária, ou em quaisquer aplicações financeiras, que não poderá exceder o montante em execução, será efetivada pela Fazenda Pública, que a determinará, por intermédio da autoridade supervisora do sistema bancário, preferencialmente por meio informatizado. §1º A Fazenda Pública deverá ajuizar a execução fiscal três dias após a realização da constrição preparatória sobre dinheiro, sob pena de ineficácia imediata da constrição. §2º A Fazenda Pública deverá comunicar à autoridade supervisora do sistema bancário, por meio informatizado, em dez dias, contados da efetivação da constrição, o ajuizamento tempestivo da execução, sob pena de desconstituição imediata e automática da constrição por esta.

[172] Art. 31. Os oficiais da Fazenda Pública, no exercício de suas funções, gozarão das mesmas prerrogativas e fé pública atribuídas pela Lei nº 5.869, de 1973, aos oficiais de justiça.

promover a constrição preparatória ou provisória no registro de imóveis, de veículos ou de outros bens e direitos, nos termos do art. 2º, §7º, art. 9º, §2º.[173]

Não menos importante é o amplo acesso à informação, disponibilizado às Fazendas Públicas, conforme previsão dos parágrafos contidos no art. 3º e art. 16.[174]

As pessoas jurídicas, nos termos do artigo 34 *caput* e parágrafo único do Projeto, enquanto estiverem com débito para com a Fazenda Pública, inscrito em dívida ativa, não poderão distribuir quaisquer bonificações a seus acionistas, dar ou atribuir participação de dividendos, juros sobre o capital próprio, bonificações e assemelhados a seus sócios, diretores, gerentes, mandatários e demais membros de órgãos dirigentes, fiscais ou consultivos. A inobservância desse dever importa em ato atentatório à dignidade da Justiça e aplicação de multa.

Nos processos de liquidação, inventário, arrolamento ou concurso de credores, nenhuma alienação será judicialmente autorizada

---

[123] Art. 2º, §7º: A certidão de dívida ativa conterá os mesmos elementos do termo de inscrição e será autenticada pela autoridade competente, sendo título executivo apto a aparelhar a cobrança executiva do crédito público, bem como, para a constrição preparatória ou provisória no registro de imóveis, registro de veículos ou registro de outros bens ou direitos sujeitos à penhora ou ao arresto. Art. 9º, §2º: Efetivada a constrição preparatória, resta vedada a alienação ou a constituição de ônus sobre o bem ou direito objeto da constrição pelo prazo de cento e vinte dias, sem prejuízo do disposto no art. 185 da Lei nº 5.172, de 1966.

[174] Art. 3º, §2º: Os órgãos e entidades públicos e privados que por obrigação legal operem cadastros, registros e controle de operações de bens e direitos deverão disponibilizar para o SNIPC as informações que administrem. §3º Os Estados, o Distrito Federal e os Municípios, mediante convênio, poderão ter acesso ao SNIPC, nos termos do inciso XXII do art. 37 da Constituição. §4º O acesso ao SNIPC não desobriga o atendimento às informações adicionais requisitadas em caráter geral ou particular aos Cartórios de Registro de Imóveis, Detrans, Secretaria do Patrimônio da União, Capitania dos Portos, Juntas Comerciais, Agência Nacional de Aviação Civil, Comissão de Valores Mobiliários, Bolsas de Valores, Superintendência de Seguros Privados, Banco Central do Brasil, Câmaras de Custódia e Liquidação, Instituto Nacional de Propriedade Intelectual, bem como qualquer outro órgão ou entidade que possua a finalidade de cadastro, registro e controle de operações de bens e direitos. §7º Ficam sujeitos às penalidades previstas na Lei nº 8.112, de 11 de dezembro de 1990, e no Decreto-Lei nº 2.848, de 07 de dezembro de 1940 – Código Penal, os serventuários e auxiliares de justiça que não cumprirem as determinações transmitidas pelos órgãos responsáveis pelo gerenciamento do SNIPC. Art. 16. A Fazenda Pública poderá requisitar às pessoas jurídicas de direito privado e aos órgãos ou entidades da administração pública informações sobre a localização dos devedores e dos corresponsáveis, a existência de bens e direitos, além de quaisquer outras informações relevantes ao desempenho de suas funções institucionais, inclusive por meio do SNIPC. Parágrafo único. Quem dolosamente omitir, retardar ou prestar falsamente as informações a que se refere o *caput* ficará responsável subsidiariamente pela dívida ativa em cobrança.

sem a audiência das Fazendas Públicas (art. 29).[175] Ressalvado o disposto no art. 186 da Lei nº 5.172, de 1966, o liquidante, o inventariante e o administrador, que, antes de garantidos os créditos da Fazenda Pública, alienarem ou derem em garantia quaisquer dos bens administrados responderão solidariamente pelo valor desses bens (§1º).[176]

O devedor poderá impugnar os atos de execução praticados pela Fazenda Pública em até 15 (quinze) dias, a contar da sua ciência. Não será conferido a essa impugnação efeito suspensivo e também não haverá dilação probatória. Poderá arguir o pagamento, a compensação anterior à inscrição, matérias de ordem pública e outras causas de nulidade do título que possam ser verificadas de plano, sem necessidade de dilação probatória.

Não sendo a impugnação acolhida pelo órgão de cobrança, o devedor poderá renová-la em juízo no prazo de 15 (quinze) dias, contados da citação efetuada após o ajuizamento da execução ou nos embargos previstos no §3º do art. 23.[177]

Os embargos à execução podem ser manejados em até 30 (trinta) dias a partir da citação, na ação de execução. Se forem intempestivos, gerará presunção absoluta de veracidade da dívida ativa (salvo se presente as exceções previstas no projeto de lei). A Fazenda Pública disporá do prazo de 30 (trinta) dias para impugnação e poderá, ainda, requerer a suspensão desse prazo para promover diligências administrativas para averiguação das alegações. Durante esse período, é possível a emissão da Certidão Positiva de Débito com Efeitos de Negativa.

O devedor pode ainda, como meio de defesa, propor ação judicial autônoma, que será distribuída ao juiz competente para conhecer da execução fiscal e dos embargos, restando prevento.

Sobre essa questão, o ajuizamento da Ação Autônoma importa em renúncia ao direito de recorrer na esfera administrativa e desistência do recurso acaso interposto.

Observa-se que o Projeto de Lei nº 5.080/2009 não se caracteriza plenamente como execução fiscal administrativa, pois não autoriza a

---

[175] Art. 29. Nos processos de liquidação, inventário, arrolamento ou concurso de credores, nenhuma alienação será judicialmente autorizada sem a audiência das Fazendas Públicas.

[176] §1º Ressalvado o disposto no art. 186 da Lei nº 5.172, de 1966, o liquidante, o inventariante e o administrador, nos casos de liquidação, inventário, insolvência ou concurso de credores, se, antes de garantidos os créditos da Fazenda Pública, alienarem ou derem em garantia quaisquer dos bens administrados, respondem, solidariamente, pelo valor desses bens.

[177] Art. 23, §3º: É facultado ao executado opor embargos à execução a partir da notificação de que trata o art. 5º.

autoridade administrativa realizar a alienação dos bens constritos, mas limita-se a instituir a pré-penhora administrativa, chamada de constrição preparatória da execução judicial, como condição para o ajuizamento da ação executiva, semelhante à previsão dos primeiros projetos de lei que tiveram tramitação no Senado Federal, antes mencionados.

É interessante observar que esse projeto de lei objetiva conferir maior celeridade ao processo de execução fiscal, na via judicial, porque o processamento da execução em juízo somente se iniciará quando já localizados bens do devedor, extraindo do Poder Judiciário a tarefa de realizar buscas de bens.

A proposta integra as medidas legislativas do 2º Pacto Republicano de Estado por um Sistema de Justiça mais Acessível, Ágil e Efetivo, assinado em abril pelo então presidente da República, Luiz Inácio Lula da Silva; da Câmara, Michel Temer; do Senado, José Sarney; e do Supremo Tribunal Federal, Gilmar Mendes.

O projeto tramita em regime de prioridade, apensado ao PL nº 2412/07, de autoria do Deputado Régis de Oliveira (PSC-SP), que também trata de execução de dívidas fiscais. Antes de ir ao Plenário, ambos serão examinados pelas comissões de Trabalho, de Administração e Serviço Público; Finanças e Tributação; e Constituição e Justiça e de Cidadania.[178]

3.3 Razões e contrarrazões à aprovação do Projeto de Lei nº 5.080/2009

A proposta de instituição da execução fiscal administrativa no ordenamento jurídico brasileiro provocou intensos debates no ambiente jurídico acerca de sua constitucionalidade, bem como de sua aptidão para solucionar o problema da ineficiência da execução fiscal no Brasil.

Pois bem, para avançar na temática, mostra-se necessário conhecer as principais razões e contrarrazões à aprovação do projeto de lei analisado.

---

[178] JANARY-JR. Fisco poderá penhorar bens de devedor sem autorização judicial. *Agência Câmara de Notícias*, 04 jan. /2010. Disponível em: https://www.camara.leg.br/noticias/137771-fisco-podera-penhorar-bens-de-devedor-sem-autorizacao-judicial/. Acesso em: 12 out. 2020.

3.3.1 Críticas ao PL nº 5.080/2009

Hugo de Brito Machado, como um dos principais opositores ao projeto de execução fiscal administrativa, expõe os argumentos pelos quais sustenta a inconstitucionalidade do anteprojeto de lei elaborado pela Procuradoria-Geral da Fazenda Nacional, que podem ser descritos suscintamente desta forma:

> Viola o princípio da separação de poderes, posto que atribui ao Executivo função típica do Judiciário. [...] Na medida em que atribui ao Poder Executivo, que já é titular do poder de constituir unilateralmente o crédito tributário, o poder de cobrar esse crédito coativamente, viola flagrantemente direitos fundamentais do contribuinte, entre os quais: a) o direito à propriedade (CF/88, art. 5º, inciso XXII); b) o direito à jurisdição (CF/88, art. 5º, inciso XXXV); c) o direito ao devido processo legal (CF/88, art. 5º, inciso LIV); d) o direito ao contraditório e ampla defesa (CF/88, art. 5º, inciso LV);

> Viola os princípios da razoabilidade e da isonomia, na medida em que entrega à Fazenda Pública, enquanto PARTE credora, que já tem o poder de constituir unilateralmente o seu título de crédito, o poder de constranger o devedor com a correspondente cobrança forçada, enquanto todos os demais credores (que só o são por título outorgado pelo devedor, ou constituído em juízo) dependem da execução judicial.[179]

Outros juristas também apresentam suas críticas ao projeto de lei, como Sacha Calmon Navarro Coelho:

> O acesso ao Judiciário é garantia fundamental insculpida na Lei Maior, em seu art. 5º, XXXV. Outrossim, a Constituição predica que "ninguém será privado de seus bens sem o devido processo legal" (art. 5º, LIV). A transferência da função executiva fiscal para a autoridade administrativa, portanto, atenta contra cláusulas pétreas da Constituição e contra o próprio Poder Judiciário, que se verá impedido por lei (ainda que inconstitucional) de exercer parte da função que lhe foi incumbida pela Lei Maior.[180]

---

[179] MACHADO, Hugo de Brito. Execução fiscal administrativa: sínteses dos argumentos utilizados na defesa do anteprojeto e da correspondente refutação apud MELO, Carlos Francisco Lopes. Execução fiscal administrativa à luz da Constituição Federal. Revista da AGU, v. 11, n. 31, p. 110-142, jan./mar. 2012, p. 121. Disponível em: https://pdfs.semanticscholar.org/1e78/e2eedc172e302ec88bdcafe0974500f25e2f.pdf. Acesso em: 06 out. 2020.

[180] MARTINS, Ives Gandra da Silva (Coord.). Execução fiscal. São Paulo: Revista dos Tribunais e Centro de Extensão Universitária, 2008. (Pesquisas Tributárias, Nova Série – 14), p. 104.

José Eduardo Soares de Melo:

A execução do crédito tributário não pode ser promovida por autoridade diversa da jurisdicional porque se estará violando o princípio constitucional republicano que impõe a absoluta tripartição dos Poderes. A competência do Executivo encontra-se adstrita à formação do crédito tributário, não podendo usurpar a competência do Judiciário para decidir (de modo independente e imparcial) os litígios entre a Fazenda Pública e as pessoas privadas, inclusive promovendo a constrição patrimonial de bens, mediante penhora, arresto, arrematação, etc.[181]

Ainda pode ser mencionada a alegação de ofensa ao direito de propriedade, também sustentada por Eduardo Souto do Nascimento, nos seguintes termos:

Em primeiro lugar, frise-se que o direito de propriedade, esculpido no art. 5º, XXII, do Texto Constitucional, foi elevado à cláusula pétrea, sendo direito irretocável de todo cidadão brasileiro, e dentro dessa classe claro encontram-se os contribuintes com débitos inscritos em dívida ativa. Por essa razão, é evidente a agressão ao direito constitucional de propriedade, na medida em que o contribuinte poderá ser privado de todos os seus bens por vontade unilateral da Fazenda e sem qualquer perquirição judicial acerca da validade ou não da cobrança promovida pelo Fisco.[182]

Na mesma linha, pode ser citado o posicionamento contrário de entidades, como a Ordem dos Advogados do Brasil – São Paulo (OAB-SP), apoiada pela Associação Comercial de São Paulo, Confederação Nacional da Indústria (CNI), Fecomércio, além de outras entidades empresárias, culminando na emissão de parecer da lavra de Luiz Flávio Borges D'Urso, Walter Cardoso Henrique, Ives Gandra da Silva Martins, André Ramos Tavares, Luis Eduardo Schoueri e Roque Antonio Carrazza.[183]

Entre os apontamentos formulados, destacam-se as alegações de inconstitucionalidade em razão da inobservância do comando do

---

[181] Ibidem, p. 241.
[182] GONÇALVES, Marcelo Barbi. Execução fiscal: um retrato da inoperância, o (bom) exemplo português e as alternativas viáveis. *Revista de Processo*, v. 247, p. 451- 471, set. 2015.
[183] OAB-SP. OAB SP entrega parecer a temer contra rito de execução sumária de contribuintes. São Paulo: OAB Notícias, 12 fev. 2010. Disponível em: www.oabsp.org.br/noticias/2010/02/10/5944/. Acesso em: 30 out. 2020.

devido processo legal, violação ao direito de propriedade, ofensa ao princípio da separação dos poderes, lesão ao direito de acesso à justiça.

3.3.2 Contrarrazões às críticas ao PL nº 5.080/2009

As razões invocadas para fundamentar as inconstitucionalidades alegadas são contrarrazoadas por diferentes autores.

Segundo Anderson Ricardo Gomes:

> A execução fiscal administrativa não representa afronta às garantias processuais que compõem a cláusula do devido processo legal, pois institui uma sequência pré-ordenada e lógica de atos processuais, viabilizando a ciência, a participação e a defesa do contribuinte devedor.[184]

Para Marcelo Barbi Gonçalves:

> A afirmação de que a constrição preparatória viola o devido processo legal é frágil. Perceba-se que o inc. LIV do art. 5º da CF/1988 não condiciona a constrição – e tampouco a privação dos bens – ao processo jurisdicional. Deve-se ler o dispositivo no sentido de garantia ao cidadão de um procedimento democrático, contraditório e participativo estabelecido em lei.[185]

Conforme Grinover, Cintra e Dinamarco, processo não é conceito que se encontra delimitado pela ciência jurídica:

> Processo é conceito que transcende ao direito processual. Sendo instrumento para o legítimo exercício do poder, ele está presente em todas as atividades estatais (processo administrativo, legislativo) e mesmo não estatais (processos disciplinares dos partidos políticos ou associações, processos das sociedades mercantis para aumento de capital, etc.).[186]

---

[184] GOMES, Ricardo Anderson. Perspectivas para a cobrança de créditos tributários no ordenamento jurídico brasileiro. *Revista de Direito Tributário Contemporâneo*, São Paulo, v. 2, n. 8, p. 139-164, set./out. 2017.

[185] GONÇALVES, Marcelo Barbi. Execução fiscal: um retrato da inoperância, o (bom) exemplo português e as alternativas viáveis. *Revista de Processo*, v. 247, p. 451- 471, set. 2015, p. 458.

[186] CINTRA, Antônio Carlos de Araújo; GRINOVER, Ada Pellegrini; DINAMARCO, Cândido Rangel. *Teoria geral do processo*. 21. ed. São Paulo: Malheiros, 2005, p. 286.

O direito do Estado de cobrar seus créditos seria exercido por meio de processo administrativo interno, conduzido pelo próprio Ente Público, observando os princípios fundamentais, porquanto é imperativo que aos litigantes, em processo judicial ou administrativo, sejam assegurados o contraditório e a ampla defesa, com os meios e recursos a eles inerentes, conforme assegurado pelo artigo 5º, LV da Constituição Federal (CF).[187]

Nessa mesma linha, Weber Luiz de Oliveira defende que:

> Poderia se conjecturar que os atos de desapossamento, com a penhora de bens, não poderiam ser realizados pelo Poder Executivo, mas tão somente pelo Poder Judiciário. Nada obstante, é certo que a delimitação da Constituição Federal é que "ninguém será privado da liberdade ou de seus bens sem o devido processo legal" (art. 5º, LIV), não estabelecendo que a perda de bens seja obrigatoriamente realizada em um processo judicial, ou seja, o "devido processo legal" pode ser judicial ou administrativo.[188]

Convém lembrar, ainda, que o inciso LIV do art. 5º da Constituição Federal, ao proclamar que ninguém será privado de sua liberdade ou de seus bens sem o devido processo legal, estabelece norma tanto para processos judiciais quanto para processos administrativos. Entretanto, não exige que atos restritivos de direitos ou expropriativos necessariamente devam ocorrer apenas perante o Poder Judiciário.

Corroborando essa assertiva, tem-se o exemplo de leilões extrajudiciais realizados por instituições financeiras para a cobrança de dívidas garantidas por bens alienados fiduciariamente, conforme lembra Anderson Ricardo Gomes.[189]

Também não há qualquer lesão inconstitucional ao direito de propriedade do devedor executado, já que é possibilitada ao executado a ampla defesa para demonstrar a inexistência da dívida tributária ou

---

[187] Art. 5º, inciso LV da CF: Aos litigantes, em processo judicial ou administrativo, e aos acusados em geral são assegurados o contraditório e ampla defesa, com os meios e recursos a ela inerentes.

[188] Art. 5º, inciso LIV da CF: Ninguém será privado da liberdade ou de seus bens sem o devido processo legal. (OLIVEIRA, Weber Luiz. Execução fiscal administrativa. Disponível em: https://emporiododireito.com.br/leitura/execucao-fiscal-administrativa-por-weber-luiz-de-oliveira. Acesso em: 28 set. 2020).

[189] GOMES, Ricardo Anderson. Perspectivas para a cobrança de créditos tributários no ordenamento jurídico brasileiro. *Revista de Direito Tributário Contemporâneo*, São Paulo, v. 2, n. 8, p. 139-164, set./out. 2017, p. 148.

outro vício na imposição fiscal, descaracterizando qualquer alegação de confisco patrimonial por parte do Estado.[190]

Ademais, no projeto de lei analisado, sequer há a expropriação de bens na via administrativa, mas tão somente "medida cautelar" de indisponibilidade/bloqueio de bens pelos agentes do Fisco. Medida que somente será convertida em penhora se ratificada, posteriormente, pelo Poder Judiciário, sob pena de perda de sua eficácia.

Conforme sustenta Gonçalves, o equívoco é manifesto, pois a indisponibilidade patrimonial não implica perda da titularidade sobre os bens, consubstanciando apenas uma medida instrumental à futura penhora a ser realizada no processo executivo que, aliás, como já fora destacado, já existe no ordenamento pátrio, conforme previsão do art. 185A do CTN.[191]

Sustentar a inconstitucionalidade da constrição preparatória sob o argumento de usurpação de atribuições do Poder Judiciário seria ignorar o regime de liquidação extrajudicial de instituições financeiras, exercido pelo Banco Central há mais de quarenta anos.[192] Pois o art. 36 da Lei nº 6.024/1976, cuja constitucionalidade é pacificamente admitida pelos tribunais, permite a decretação de indisponibilidade extrajurisdicional dos bens dos administradores das instituições financeiras em intervenção, liquidação extrajudicial ou falência.[193]

Admite-se, inclusive, a efetiva expropriação dos bens fora do Judiciário e não apenas seu desapossamento. Cite-se, a propósito, o Regulamento Aduaneiro, que sujeita o infrator às penas de perdimento do veículo transportador e da mercadoria transportada. Basta uma rápida pesquisa jurisprudencial para se verificar quantos bens atualmente são

---

[190] *Ibidem*.

[191] Na hipótese de o devedor tributário, devidamente citado, não pagar nem apresentar bens à penhora no prazo legal e não forem encontrados bens penhoráveis, o juiz determinará a indisponibilidade de seus bens e direitos, comunicando a decisão, preferencialmente por meio eletrônico, aos órgãos e entidades que promovem registros de transferência de bens, especialmente ao registro público de imóveis e às autoridades supervisoras do mercado bancário e do mercado de capitais, a fim de que, no âmbito de suas atribuições, façam cumprir a ordem judicial. GONÇALVES, Marcelo Barbi. Execução fiscal: um retrato da inoperância, o (bom) exemplo português e as alternativas viáveis. *Revista de Processo*, v. 247, p. 451-471, set. 2015, p. 458.

[192] BRASIL. Supremo Tribunal de Justiça (STJ). Recurso Especial: REsp 1.121.719 SP 2009, Rel. Min. Raul Araújo, T4 – Quarta Turma, julg. 15.03.2011, *DJe*, 27 abr. 2011. Disponível em: https://stj.jusbrasil.com.br/jurisprudencia/19114368/recurso-especial-resp-1121719-sp-2009-0118871-9/inteiro-teor-19114369. Acesso em: 20 set. 2020.

[193] GONÇALVES, Marcelo Barbi. Execução fiscal: um retrato da inoperância, o (bom) exemplo português e as alternativas viáveis. *Revista de Processo*, v. 247, p. 451-471, set. 2015, p. 458.

expropriados no âmbito administrativo, sem intervenção do Poder Judiciário.[194]

Percebe-se com clareza a evolução do processo civil em geral, especialmente do processo executivo. Vale destacar que a Lei nº 11.382/2006 instituiu a alienação por iniciativa particular como forma prioritária de satisfação em face da alienação em hasta pública. Não realizada a adjudicação dos bens penhorados, dispõe o art. 880 do CPC que o exequente poderá requerer sua alienação, por sua própria iniciativa ou por intermédio de corretor credenciado perante a autoridade judiciária. Não se pode negar que na nova sistemática promoveu-se, ainda que de forma branda, uma desjudicialização parcial da fase satisfativa, segundo Marcelo Barbi Gonçalves.[195]

O Decreto-Lei nº 70, de 21.11.1966, que disciplina a execução no regime do Sistema Financeiro de Habitação, também autoriza o credor a executar extrajudicialmente o imóvel objeto do crédito hipotecário.[196]

Também pode ser citado o Decreto-Lei nº 911, de 1º.10.1969, ao dispor que, em casos de alienação fiduciária em garantia de bens móveis, havendo mora, o proprietário fiduciário poderá alienar a terceiros, extrajudicialmente, o bem dado em garantia. Por fim, o art. 26 da Lei nº 9.514/1997 permite a excussão do bem gravado, independentemente de qualquer ação judicial, nos contratos imobiliários, garantidos por alienação fiduciária.[197]

Humberto Theodoro Júnior lembra ainda de outros casos: há exemplos de execução administrativa por oficial do registro de imóveis,

---

[194] Ibidem.
[195] Ibidem, p. 459.
[196] GRINOVER, Ada Pellegrini. *Deformalização do processo e deformalização das controvérsias*: novas tendências do direito processual. 2. ed. Rio de Janeiro: Forense, 1990, p. 200. Ada Pellegrini Grinover, após salientar que a execução extrajudicial para o Sistema Financeiro de Habitação é desvinculada das razões que informam a tendência rumo à deformalização do processo, afirma: "Nessa hipótese, concentram-se nas mãos da mesma entidade a legitimação ativa para a execução e a competência legal para os atos executórios" (A constitucionalidade dessa sistemática está submetida ao regime da repercussão geral no RE nº 627.106/PR. O entendimento reiterado do STF, porém, é no sentido de sua conformidade constitucional: "Recurso extraordinário. Inadmissibilidade. Execução extrajudicial. Decreto-Lei nº 70/1966. Recepção pela Constituição Federal de 1988. Jurisprudência assentada. Ausência de razões consistentes. Decisão mantida. Agravo regimental improvido. Nega-se provimento a agravo regimental tendente a impugnar, sem razões consistentes, decisão fundada em jurisprudência assente na Corte" (AgRg na AgIn nº 678.256/SP, 2. T., Rel. Min. Cezar Peluso, *DJe*, 26 mar. 2010).
[197] THEODORO JÚNIOR, Humberto. *Curso de direito processual civil*. Processo de execução e cumprimento de sentença, processo cautelar e tutela de urgência. v. 2. Rio de Janeiro: Forense, 2010.

no caso de cumprimento forçado de compromissos de venda de imóveis, sempre que se referirem a loteamentos e se acharem acompanhados da prova de quitação do respectivo preço. Em tais casos, o oficial do registro público reconhecerá ao contrato preliminar a força de título hábil para registro definitivo da propriedade do lote adquirido (Lei nº 6.766, de 19.12.1979, art. 26, §6º). O mesmo se passa quando o compromisso de concluir ou ceder o contrato de promessa de venda é descumprido pelo loteador. Depois de intimado pelo oficial, a requerimento do promissário, e uma vez transcorrido o prazo de 15 (quinze) dias sem impugnação do promitente, o pré-contrato será registrado e vigorará entre as partes segundo os termos do contrato padrão (Lei nº 6.766, artigos 27, *caput*, e 18, VI).[198]

Esses são exemplos de execuções que se podem consumar sem qualquer intervenção judicial, diferentemente do que se propõe no Projeto de Lei nº 5.080/2009, uma vez que seria permitido à Fazenda apenas a constrição provisória, espécie de medida cautelar, gerando a indisponibilidade dos bens, menos invasiva, portanto, do que os exemplos citados, que permitem a realização das expropriações liquidativa e satisfativa integralmente e paralelas ao Poder Judiciário.

Desse modo, é sem razão a afirmativa de que o contribuinte tem o direito fundamental de ser executado por meio do Poder Judiciário, pois, como bem esclarece Gonçalves,[199] não há, em sede constitucional, semelhante prerrogativa. O que o contribuinte tem, assim como o devedor fiduciário, o promitente vendedor de bens loteados, o mutuário hipotecário e o infrator de regulamento aduaneiro, é o direito de que sua petição contra lesão ou ameaça seja apreciada pelo Judiciário, o qual, salvo hipóteses excepcionais (por exemplo: arbitragem), deve dizer a última palavra.[200]

Seria intenção do legislador, deliberadamente, conferir às instituições financeiras e agentes fiduciários, cujos atos não possuem atributos de autoexecutoriedade e imperatividade, maior autonomia do que ao Poder Público?

---

[198] *Ibidem.*
[199] GONÇALVES, Marcelo Barbi. Execução fiscal: um retrato da inoperância, o (bom) exemplo português e as alternativas viáveis. *Revista de Processo*, v. 247, p. 451- 471, set. 2015.
[200] GONÇALVES, Marcelo Barbi. Execução fiscal: um retrato da inoperância, o (bom) exemplo português e as alternativas viáveis. *Revista de Processo*, v. 247, p. 451- 471, set. 2015, p. 460.

Sobre essa questão, vale a pena destacar o advento da Lei de Arbitragem, pois dispõe o art. 18 da Lei nº 9.307/96 que o árbitro é juiz de fato e de direito, e a sentença que proferir não fica sujeita a recurso ou a homologação pelo Poder Judiciário. O art. 31 do mesmo ato normativo confere à sentença arbitral os mesmos efeitos da sentença proferida pelos órgãos do Poder Judiciário.

Desse modo, ao lado do juiz togado, nomeado pelo Estado, tem-se a figura de um juiz privado, eleito pelas partes, com o poder de cognição da demanda e afirmação do direito, carecendo apenas de poder de império, a fim de conferir fiel cumprimento às decisões entabuladas. O que não afasta o caráter jurisdicional, tampouco o escopo social de composição de conflitos.[201]

Assim, se à arbitragem foi conferida o exercício de atividade jurisdicional, de modo que ao árbitro é incumbido do papel de solucionar litígios, os quais demandariam uma ação de conhecimento, questiona-se acerca da possibilidade de se atribuir à figura de um agente de execução, cujos atos estão sujeitos ao princípio da legalidade, com atuação condicionada à responsabilização civil, penal e administrativa, representando o interesse público, por meio de atos que gozam de presunção de legitimidade, atributos de autoexecutoriedade e imperatividade, legitimidade para prática de atos administrativos no exercício da função executiva.[202]

Como visto, a evolução do Direito tem demonstrado uma tendência à adoção de modelos de desjudicialização, permitindo o deslocamento ao setor privado de encargos, até então, confiados apenas à jurisdição estatal.

Pertinente, portanto, o questionamento de Weber Luiz de Oliveira:

> É evidente a perda de tempo e dinheiro público com a repetição de atos procedimentais, com consequências danosas ao Estado brasileiro pela inefetividade da execução fiscal judicial, o que é reiteradamente demonstrado pelos relatórios do Conselho Nacional de Justiça, sendo importante reafirmar o descrito pelo CNJ, que o "processo judicial acaba por repetir etapas e providências de localização do devedor ou

---

[201] SANTOS, Daniel Ferreira. Desjudicialização da execução fiscal. *Revista Jus Navigandi*, Teresina, ano 22, n. 5280, 15 dez. 2017. Disponível em: https://jus.com.br/artigos/62662/desjudicializacao-da-execucao-fiscal. Acesso em: 23 set. 2020.
[202] *Ibidem.*

patrimônio capaz de satisfazer o crédito tributário já adotadas pela administração fazendária" Há, portanto, obrigatoriedade de judicializar a execução fiscal?[203]

Em relação à lei de arbitragem, o Supremo Tribunal Federal sedimentou o entendimento de que o acesso à justiça é um direito, e não uma obrigação. Concluiu que é constitucional a adoção de meios de solução extrajudiciais de controvérsias, sendo alterada a lei para, inclusive, possibilitar que a Administração Pública se submeta à arbitragem. Inevitável, portanto, o questionamento: se a Administração Pública pode submeter-se a decisões tomadas sem a intervenção judiciária, por que razão não poderia executar administrativamente seus créditos tributários?[204]

Nesse viés, observa Carlos Francisco Lopes Melo que é possível conferir à própria Administração o poder de processar a cobrança dos executivos fiscais por via administrativa, sem perigo de malferir os princípios da separação dos poderes e da inafastabilidade do Poder Judiciário, através da ampliação da competência legal da Fazenda Pública.[205]

Esclarece que quase sempre o Estado-Administração não necessita da tutela jurisdicional para executar suas atribuições legais, uma vez que goza de autonomia para a realização de suas funções legais, razão pela qual pode utilizar seus próprios meios de força para afastar eventual resistência de quem eventualmente se ponha em rota de colisão com os seus fins, salvo quando a legislação estabelece a necessidade de ordem judicial específica, como o ingresso em domicílio, por exemplo.[206]

Assim, se o Estado precisa executar uma obra pública, apreciar o pedido de benefício previdenciário, fazer a prisão de quem se encontre em estado de flagrante delito, constituir em crédito tributário, demitir

---

[203] OLIVEIRA, Weber Luiz. Execução fiscal administrativa. Disponível em: https://empo riododireito.com.br/leitura/execucao-fiscal-administrativa-por-weber-luiz-de-oliveira. Acesso em: 28 set. 2020.

[204] Constitucionalidade reconhecida pelo STF no julgamento da homologação de Sentença Estrangeira nº 5.206-7 (BRASIL. Supremo Tribunal Federal (STF). Sentença Estrangeira: SE – Agr. 5.206-7, Tribunal Pleno, Rel. Min. Sepúlveda Pertence, julg. 12.12.2001, DJ, 30 abr. 2004. Disponível em: https://stf.jusbrasil.com.br/jurisprudencia/775697/agregna-sentenca-estrangeira-se-agr-5206-ep. Acesso em: 07 out. 2020.)

[205] MELO, Carlos Francisco Lopes. Execução fiscal administrativa à luz da Constituição Federal. Revista da AGU, v. 11, n. 31, p. 110-142, jan./mar. 2012. Disponível em: https://pdfs. semanticscholar.org/1e78/e2eedc172e302ec88bdcafe0974500f25e2f.pdf. Acesso em: 06 out. 2020.

[206] Ibidem.

um servidor desidioso, apreender um veículo irregular em via pública ou mercadoria cujo comércio é vedado, interditar estabelecimentos, ele fará isso autonomamente.[207]

Para Antônio de Souza Prudente, a execução fiscal administrativa é possível juridicamente em razão dos atributos dos atos administrativos, como a presunção de legitimidade, a autoexecutoriedade e a imperatividade:

> A execução administrativa do crédito da Fazenda Pública afigura-se juridicamente possível na força dos atributos dos atos administrativos, que se revestem da presunção de legitimidade, decorrente do princípio da legalidade da Administração, da imperatividade impositiva de seu cumprimento coercitivo e da autoexecutoriedade consistente na possibilidade desses atos serem imediata e diretamente executados pela própria Administração, no uso de sua supremacia de Poder Público, independentemente de ordem judicial.[208]

Sobre a autoexecutoriedade dos atos administrativos, ensina José dos Santos de Carvalho Filho:

> A prerrogativa de praticar atos e colocá-los em imediata execução, sem dependência à manifestação judicial, é que representa a autoexecutoriedade. Tanto é autoexecutória a restrição imposta em caráter geral, como a que se dirige diretamente ao indivíduo, quando, por exemplo, comete transgressões administrativas. É o caso da apreensão de bens, interdição de estabelecimentos e destruição de alimentos nocivos ao consumo público. Verificada a presença dos pressupostos legais do ato, a Administração pratica-o imediatamente e o executa de forma integral. Esse o sentido da autoexecutoriedade.[209]

Segundo Carlos Francisco Lopes Melo, há atos administrativos bem mais invasivos do que a execução fiscal administrativa, entretanto não são confrontados em razão da tradição de se considerar aqueles atos válidos e, portanto, aceitáveis:

---

[207] MELO, Carlos Francisco Lopes. Execução fiscal administrativa à luz da Constituição Federal. *Revista da AGU*, v. 11, n. 31, p. 110-142, jan./mar. 2012. Disponível em: https://pdfs.semanticscholar.org/1e78/e2eedc172e302ec88bdcafe0974500f25e2f.pdf. Acesso em: 06 out. 2020, p. 124.

[208] PRUDENTE, Antônio Souza. Execução administrativa do crédito da fazenda pública. *Revista de informação legislativa*, v. 45, n. 177, p. 31-46, jan./mar. 2008. Disponível em: http://www2.senado.leg.br/bdsf/handle/id/160251. Acesso em: 03 set. 2020.

[209] CARVALHO FILHO, José dos Santos. *Manual de direito administrativo*. 21. ed. Rio de Janeiro: Lúmen Juris, 2009.

A autoexecutoriedade dos atos administrativos é muito mais invasiva em tantos outros procedimentos administrativos. Entretanto, não são confrontados com os corolários constitucionais aludidos, porque há uma tradição de considerá-los validamente aceitos. Não se questiona, por exemplo, a legitimidade de os Entes Públicos demitirem, pela via administrativa, os servidores acusados de corrupção ou a realizarem a apreensão sumária de um veículo que se encontra com a taxa de licenciamento vencida.[210]

Nessas situações, há, sem dúvida, intervenção administrativa na liberdade e no patrimônio individual, mas não se ouvem as mesmas críticas exigindo intervenção judicial.

A vinculação da atuação da Administração Pública à observância dos princípios constitucionais da legalidade, moralidade, impessoalidade, eficiência e publicidade, a partir da Constituição de 1988, conferiu credibilidade e transparência aos atos administrativos, sujeitos aos mecanismos de fiscalização e aparelhos estatais destinados ao autocontrole da Administração Pública.

Esse entendimento também é sustentado por Kiyoshi Harada:

> Ironicamente, exatamente agora, que temos o pleno domínio dos princípios de direito público, como os da legalidade, da moralidade, da eficiência no serviço público, da impessoalidade, da razoabilidade, etc., bem como dos poderes da Administração Pública, como os da exigibilidade (meios de coerção indireta) e da executoriedade em algumas hipóteses (meios coercitivos diretos) a justificar até a inclusão de cláusulas exorbitantes em contratos administrativos, vozes se levantam contra a penhora administrativa como mero pré-requisito para ajuizamento da execução fiscal. Mas, nenhuma objeção fazem contra a inscrição na dívida ativa, que municia a Fazenda com um título líquido e certo, passível do controle judicial apenas *a posteriori*, a exemplo da penhora que se pretende instituir na fase administrativa da cobrança do crédito tributário.[211]

---

[210] MELO, Carlos Francisco Lopes. Execução fiscal administrativa à luz da Constituição Federal. *Revista da AGU*, v. 11, n. 31, p. 110-142, jan./mar. 2012. Disponível em: https://pdfs.semanticscholar.org/1e78/e2eedc172e302ec88bdcafe0974500f25e2f.pdf. Acesso em: 06 out. 2020.

[211] HARADA, Kiyoshi. A penhora administrativa como pré-requisito da execução fiscal. *Revista Jus Navigandi*, Teresina, ano 12, n. 1620, 8 dez. 2007. Disponível em: https://jus.com.br/artigos/10729/a-penhora-administrativa-como-pre-requisito-da-execucao-fiscal. Acesso em: 14 out. 2020.

Assim, a segurança jurídica que o Poder Judiciário oferece no âmbito da cobrança dos créditos públicos pode ser obtida em igual projeção por meio da execução administrativa, uma vez que seus agentes encontram-se subordinados a um sistema de autocontrole (autotutela) eficaz e devidamente estruturado, encontram-se regidos por um sistema ético-constitucional ao qual devem obediência antes de tudo. Como exemplo, podem ser citados os recursos interpostos em face de auto de infração de trânsito ou de obras, ou ainda aplicados na fiscalização sanitária, todos processados e julgados administrativamente, sem grandes questionamentos.

Humberto Gomes de Barros discorre sobre a incongruência em se manter a execução fiscal judicial e o procedimento de desapropriação por meio da via administrativa:

> O Estado-Administração é capaz de, visando a interesses sociais, expropriar um proprietário que nada lhe deve. No entanto, se o proprietário é inadimplente, na sagrada obrigação de honrar dívidas para com o Erário, a Administração queda-se impotente. Nesse caso, é necessário acionar o Estado-Juiz, fazendo com que este efetive a desapropriação.[212]

Anderson Ricardo Gomes entende que não há óbice constitucional à expropriação de bens pela Administração Tributária e que a necessidade de intervenção judicial para essa tarefa seria resultado da tradição processual e escolha política, efetuada pelo legislador nacional em determinado momento histórico:

> Na realidade, não há na Constituição Federal qualquer óbice à realização de atos procedimentais de expropriação patrimonial pela própria Administração Tributária, a atribuição de tal competência ao Poder Judiciário decorre da tradição administrativista e processual vigente no Brasil, representando apenas o resultado da escolha política efetuada pelo legislador pátrio, em determinado momento.[213]

---

[212] BARROS, Humberto Gomes de. Execução fiscal administrativa. *Revista CEJ*, Brasília, ano XI, n. 39, out./dez. 2007, p. 4.
[213] GOMES, Ricardo Anderson. Perspectivas para a cobrança de créditos tributários no ordenamento jurídico brasileiro. *Revista de Direito Tributário Contemporâneo*, São Paulo, v. 2, n. 8, p. 139-164, set./out. 2017.

Referente ao princípio da inafastabilidade do Poder Judiciário, observa-se que o projeto de criação da execução fiscal administrativa analisado não priva o devedor do Fisco de acessar o Poder Judiciário, para o exercício da defesa de seus direitos, evitando eventuais abusos por parte da Fazenda Pública. Os meios de defesa judicial, inclusive a propositura dos embargos, estão plenamente preservados.

A inovação trazida pelo projeto está principalmente associada à transferência para a Fazenda Pública dos atos que são executados pelos agentes auxiliares do juiz, como os atos do oficial de justiça, responsável pela realização da penhora e o arresto. Todas as decisões, seja sobre a dívida, seja sobre o procedimento, permanecem sujeitas ao controle judicial.

Procura-se, apenas, evitar a judicialização para a realização de atos meramente administrativos, que não requerem a participação pessoal do magistrado.

Neste interim, cabe mencionar que tramita no Congresso Nacional o Projeto de Lei nº 6.204/2019, de autoria da Senadora Soraya Thronicke (PSL/MS), a partir de tese desenvolvida por Elias Marques e Flavia Ribeiro, convertida na obra: *Desjudicialização da execução civil*,[214] que pretende desjudicializar a execução civil de título executivo judicial e extrajudicial. Constata-se que até mesmo nas execuções civis entre particulares, reconhece-se a predominância de atos materiais e, portanto, a possibilidade de serem desjudicializados e conduzidos pelos tabeliães de protesto.

Em painel apresentado no Fórum de Debate sobre a modernização do Direito, patrocinado pelo Centro de Estudos Judiciários do Conselho da Justiça Federal e da Associação dos Magistrados Catarinenses, realizado no ano de 2001, fora defendida a ideia do processo de execução administrativa, nestes termos:

> A atividade do juiz há de ser, essencialmente, a de resolver conflitos de interesse. Quando o princípio da divisão dos Poderes, arquitetado por Montesquieu e preconizado por Aristóteles, na Grécia, começou a desenvolver-se, o direito de petição se desdobrou e assumiu características específicas perante cada um desses Poderes.
>
> [...] Ora, a atividade do juiz, frente à cobrança da dívida ativa da Fazenda Pública, é muito pouco jurisdicional. A rigor, na execução, quer seja

---

[214] MEDEIROS NETO, Elias Marques; RIBEIRO, Flavia Pereira. *Reflexões sobre a desjudicialização da execução civil*. Curitiba: Juruá, 2020.

baseada em título judicial ou extrajudicial, o juiz não executa nada. Ele preside a execução. Quem realiza, efetivamente, a execução são os oficiais de justiça.²¹⁵

Ademais, os atos de constrição patrimonial realizados na execução de iniciativa da Administração não constituem atos tipicamente jurisdicionais, porque, na execução fiscal, a atividade do juiz é reduzida à coordenação dos procedimentos previstos para que seja ultimada a expropriação de bens do devedor e seja satisfeito o crédito. Não há verdadeiramente a atividade de *iudicium*, um julgamento.²¹⁶

Conforme demonstrado, as atividades de localização do devedor e bens penhoráveis não possuem intrínseca natureza jurisdicional; não possuem qualquer cunho decisório, senão caráter nitidamente cartorário; não compõem a lide; não atuam a vontade concreta da lei, não substituem a vontade das partes pela do Estado-Juiz. Tudo isso não infirma a jurisdicionalidade do processo executivo. Significa, apenas, que determinadas atividades praticadas em seu bojo não possuem essa propriedade.²¹⁷

Verifica-se que o aparato de proteção judicial conferido ao devedor, no sistema da execução fiscal atual, mantém-se inalterado na execução fiscal administrativa.

Importante destacar que o art. 26 do PL traz disciplina mais favorável ao contribuinte do que o atual art. 38 da Lei nº 6.830/1980, uma vez que exclui a exigência do depósito preparatório do valor do débito, como condição da ação autônoma de impugnação. Conquanto o STF tenha editado a Súmula Vinculante nº 28²¹⁸ nesse sentido, a consagração

---

[215] PRUDENTE, Antônio Souza *apud* MELO, Carlos Francisco Lopes. Execução fiscal administrativa à luz da Constituição Federal. *Revista da AGU*, v. 11, n. 31, p. 110-142, jan./mar. 2012, p. 136. Disponível em: https://pdfs.semanticscholar.org/1e78/e2eedc172e302ec88bdcafe0974500f25e2f.pdf.

[216] MELO, Carlos Francisco Lopes. Execução fiscal administrativa à luz da Constituição Federal. *Revista da AGU*, v. 11, n. 31, p. 110-142, jan./mar. 2012, *passim*. Disponível em: https://pdfs.semanticscholar.org/1e78/e2eedc172e302ec88bdcafe0974500f25e2f.pdf. Acesso em: 06 out. 2020.

[217] SILVA NETO, Francisco de Barros e. A execução fiscal e o devido processo legal. *In*: BRITO, Edvaldo Pereira de; MARTINS, Ives Gandra da Silva. *Doutrinas essenciais de direito tributário*. v. 7. São Paulo: RT, 2011. Conforme relata Francisco de Barros e Silva Neto: "Nem é, aliás, por outro motivo que prestigiosa corrente doutrinária, com vistas ao desafogo do Poder Judiciário, preconiza que a execução forçada relativa à dívida ativa do estado seja processada na esfera administrativa, posto reunir ela, na verdade, na maior parte, uma série de atos de natureza simplesmente administrativa".

[218] Súmula Vinculante 28: É inconstitucional a exigência de depósito prévio como requisito de admissibilidade de ação judicial na qual se pretenda discutir a exigibilidade de crédito tributário.

legislativa dessa possibilidade vem para ampliar as vias de acesso ao Judiciário.

Desse modo, não há que se falar em violação ao princípio constitucional da reserva de jurisdição, uma vez que as atividades executivas em *stricto sensu* (alienação de bens, penhora, etc.) não se situam no âmbito da jurisdição.[219]

A desjudicialização, total ou parcial, da execução, conforme relata Humberto Theodoro Júnior, "tem sido uma tônica da evolução por que vem passando o direito processual europeu". Amparado por José Lebre de Freitas, após mencionar os sistemas da Suécia, França, Bélgica, Alemanha, Áustria, Holanda e Grécia, leciona que:

> Fácil é concluir que o direito europeu moderno, senão elimina a judicialidade do cumprimento da sentença, pelo menos reduz profundamente a intervenção judicial na fase de realização da prestação a que o devedor foi condenado. Tal intervenção, quase sempre, se dá nas hipóteses de litígios incidentais surgidos no curso do procedimento executivo. Não há uniformidade na eleição dos meios de simplificar e agilizar o procedimento de cumprimento forçado das sentenças entre os países europeus. Há, porém, a preocupação de reduzir, quanto possível, a sua judicialização.[220]

Conforme visto em capítulo próprio, a execução fiscal administrativa é regra quase que absoluta nos países desenvolvidos e com democracias reconhecidamente consolidadas, de modo que a discussão acerca de eventual ofensa ao princípio da separação dos Poderes e à inafastabilidade do acesso ao Poder Judiciário mostra-se um tanto retrógrada, num mundo cada vez mais globalizado, cujo acesso à informação, à pesquisa, à comparação é cada vez mais facilitado.

---

[219] Por outro lado, a concepção da jurisdição como simples declaração, de forma que "a execução é um 'ato executivo do Estado', portanto, não mais jurisdicional" é extensamente denunciada por Ovídio A. Baptista da Silva. SILVA, Ovídio A. Baptista da. *Jurisdição e execução na tradição romano-canônica*. 3. ed. Rio de Janeiro: Forense, 2007. p. 35 *passim*.

[220] THEODORO JÚNIOR, Humberto. *Curso de direito processual civil*. Processo de Execução e Cumprimento de Sentença, processo cautelar e tutela de urgência. v. 2. Rio de Janeiro: Forense, 2010.

CAPÍTULO 4

UM NOVO PARADIGMA PARA A EXECUÇÃO FISCAL

4.1 Prerrogativas da Fazenda Pública

Para Cândido Rangel Dinamarco, a palavra "Fazenda Pública" representa a personificação do Estado,[221] englobando as pessoas jurídicas de direito público. Portanto, a presença de qualquer uma das pessoas jurídicas de Direito Público nos processos permite o uso da designação "Fazenda Pública".

O artigo 5º da Constituição Federal exprime que "todos são iguais perante a lei", ou seja, a "lei não deve ser fonte de privilégios ou perseguições, mas instrumento regulador da vida social que necessita tratar equitativamente todos os cidadãos".[222]

Entretanto, como bem observado por Leonardo Carneiro da Cunha, o princípio da igualdade leva em conta as diversidades de cada um:

> O princípio da igualdade, longe de pretender conferir tratamento substancialmente idêntico a todas as pessoas, entes, sujeitos e organismos, leva em conta as diversidades de cada um, tomando como parâmetro a notória e antiga lição de Aristóteles, segundo quem, a igualdade consiste em tratar igualmente os iguais e desigualmente os desiguais.[223]

---

[221] DINAMARCO, Cândido Rangel. *Fundamentos do processo civil moderno*. 3. ed., T.I, n. 78. São Paulo: Malheiros, 2000, p. 179.
[222] BANDEIRA DE MELLO, Celso Antônio. *Conteúdo jurídico do princípio da igualdade*. 3. ed. São Paulo: Malheiros, 2002, p. 10.
[223] CUNHA, Leonardo Carneiro da. *A Fazenda Pública em juízo*. 15. ed. Rio de Janeiro: Forense, 2018, p. 23.

Norberto Bobbio entende que a ideia de supremacia do interesse público está associada à ideia de que o todo vem antes das partes, remontando a Aristóteles o primado do público, resultando na contraposição do interesse coletivo ao interesse individual e na necessária subordinação, até a eventual supressão, do segundo ao primeiro, bem como na irredutibilidade do bem comum à soma dos bens individuais.[224]

No entender de Maria Sylvia Zanella Di Pietro, "a Administração Pública não é titular do interesse público, mas apenas a sua guardiã; ela tem que zelar pela sua proteção. Daí a indisponibilidade do interesse público".[225]

Assim, em razão da atividade de tutelar o interesse público, a Fazenda Pública ostenta condição diferenciada das demais pessoas físicas ou jurídicas de direito privado.[226]

Quando a Fazenda Pública está em Juízo, está defendendo o erário. A arrecadação de receitas públicas para fazer face às políticas públicas não é responsabilidade apenas do governante do momento. Toda a sociedade deve contribuir para a arrecadação dessa massa de recurso, que evidentemente supera o interesse particular. A autoridade pública é mera administradora, no entendimento de José Roberto de Moraes.[227]

Ainda sobre a natureza diferenciada do Ente Público, cabe mencionar que as causas da Fazenda Pública sempre foram assuntos afetos ao Direito Administrativo, pois, histórica e materialmente, tais questões restringiam-se ao âmbito da própria Administração Pública. O deslocamento para o Poder Judiciário, como ressalta Castro Nunes,[228] não retira dos atos do Estado a natureza de questões afetas ao Direito Administrativo, sobretudo quando atue como pessoa política ou Poder Público.

Oportuno, aliás, trazer à memória que diversos ordenamentos europeus, considerados de "primeiro mundo", e que secularmente se destacam pelo respeito aos princípios republicanos, como o devido

---

[224] BOBBIO, Norberto. *Estado, governo, sociedade*: para uma teoria geral da política. Tradução de Marco Aurélio Nogueira. 3. ed. Rio de Janeiro: Paz e Terra, 1987, p. 24-25.
[225] DI PIETRO, Maria Sylvia Zanella. *Discricionariedade administrativa na Constituição de 1988*. São Paulo: Atlas, 1991, p.163.
[226] CUNHA, Leonardo Carneiro da. *A Fazenda Pública em Juízo*. 15. ed. Rio de Janeiro: Forense, 2018, p. 28.
[227] MORAES, José Roberto de. Prerrogativas processuais da Fazenda Pública. In: SUNDFELD, Carlos Ari; BUENO, Cassio Scarpinella (Coords.). *Direito processual público*: a Fazenda Pública em juízo. São Paulo: Malheiros, 2000, p. 69.
[228] NUNES, Castro. *Da Fazenda Pública em juízo*. Rio de Janeiro: Freitas Bastos, 1950, p. 63-64.

processo legal e a isonomia, subtraem da justiça comum, via de regra, as causas em que a Administração Pública figure como parte, para confiá-las a outros órgãos que não integram necessariamente o aparato judicial, antes, podem fazer parte do próprio corpo administrativo.[229]

Clássico exemplo dessa condição é o "contencioso administrativo" francês, em que os órgãos julgadores pertencem à Administração Pública e não à justiça comum.[230]

Igualmente, no Direito Italiano existe separação entre a justiça ordinária e a chamada "justiça administrativa". Semelhantemente, na Espanha há estrutura especial criada para o exercício da jurisdição, se estiver presente na causa, a Fazenda Pública.[231]

A Constituição Portuguesa também estabelece a existência de uma classe diferenciada de tribunais administrativos e fiscais.[232] Na Alemanha há três sistemas distintos do comum, para o processo e julgamento de causas que envolvam a Fazenda Pública: *Verwaltungsgerichtsbrkeit* (jurisdição administrativa), *Finanzgerichtsbarkeit* (jurisdição financeira), *Sozialgerichtsbarkeit* (jurisdição social).[233]

Como visto, não se pode ignorar que nas Repúblicas praticantes de democracias estáveis é reconhecida a natureza singular da Fazenda Pública, razão pela qual recebe tratamento diferenciado em relação ao particular.

Assim, não há igualdade entre a Fazenda Pública e os particulares. O princípio da isonomia traduz a ideia aristotélica de "igualdade proporcional", segundo a qual se deve tratar os iguais de forma igual e os desiguais de forma desigual. Sendo a Fazenda Pública desigual frente ao particular, somente estará atendido o princípio da igualdade se lhe for conferido tratamento desigual.[234]

Assim, para que a Fazenda Pública consiga atuar da melhor forma possível, é necessário que lhe sejam conferidas condições adequadas à sua natureza peculiar. Entre as condições oferecidas, sobressaem as prerrogativas processuais, uma vez que a Fazenda Pública não reúne as mesmas condições de um particular para defender seus interesses em Juízo. Tais prerrogativas são justificadas pelo excessivo volume de

---

[229] CUNHA, *op. cit.*, p. 30.
[230] *Ibidem*.
[231] *Ibidem*.
[232] CORREIA, Sérvulo. *Direito do contencioso administrativo*. Lisboa: Lex, 2005, p. 34.
[233] CUNHA, Leonardo Carneiro da. *A Fazenda Pública em juízo*. 15. ed. Rio de Janeiro: Forense, 2018, p. 31.
[234] *Ibidem*, p. 32, *passim*.

trabalho, pela precariedade estrutural dos órgãos que a representam (Advocacia Pública), pela burocracia inerente a sua atividade pública, que dificulta acesso aos fatos, à colheita de elementos e dados para instrução da causa.[235]

Assim, em observância ao princípio da supremacia do interesse público sobre o privado, foram atribuídas diversas prerrogativas processuais gerais à Fazenda Pública, previstas no CPC, como exemplo: prazos diferenciados e intimação pessoal para suas manifestações (art. 183); reexame necessário (art. 496, I e II); bem como prerrogativas específicas trazidas pela LEF, como juízo privativo (art. 5º); dispensa de custas (art. 7º, IV); intimação pessoal (art. 25); substituição ou emenda do título a qualquer tempo anterior à sentença (art. 2º, §8º); a substituição de bens penhorados (art. 15, II), entre outras, que objetivam garantir a efetividade da execução em prol do Estado, como presunção de legitimidade dos atos administrativos, pagamentos por meio de precatórios e requisição de pequeno valor, etc.

Alan Saldanha Luck tece relevantes considerações acerca das prerrogativas atribuídas à Fazenda Pública, para que possa atuar da melhor maneira possível na promoção do interesse público:

> Exatamente por atuar no processo em virtude da existência de interesse público, consulta ao próprio Estado viabilizar o exercício dessa sua atividade no processo de melhor e mais ampla maneira possível, evitando-se condenações injustificáveis ou prejuízos incalculáveis para o erário e, de resto, para toda a coletividade que seria beneficiada com serviços públicos custeados com tais recursos.
>
> Ademais, a Fazenda Pública, que é representada em juízo por seus procuradores, que não reúne as mesmas condições que um particular para defender seus interesses em juízo. Além de estar defendendo o interesse público, a Fazenda Pública mantém uma burocracia inerente à sua atividade, tendo dificuldade de ter acesso aos fatos, elementos e dados da causa. Ressalte-se que o volume de trabalho que cerca os advogados públicos impedem, de igual modo, o desempenho de suas atividades nos prazos fixados para os particulares.
>
> Seguindo a mesma esteira de raciocínio, enquanto um advogado particular pode selecionar suas causas, recusando aquelas que não convêm, o advogado público não pode declinar de sua função, deixando de proceder à defesa da Fazenda Pública.[236]

---

[235] *Ibidem*, p. 29.
[236] LUCK, Alan Saldanha. As prerrogativas da Fazenda Pública em face do princípio da isonomia processual. *Revista de Direito*, v. 25. Procuradoria-Geral do Estado de Goiás: Goiânia, 2010.

Destarte, para que a Fazenda Pública possa atuar da melhor maneira possível na promoção do interesse público, é preciso que lhe confiram condições necessárias e suficientes, entre as quais avultam as prerrogativas processuais.

O princípio da inafastabilidade do Poder Judiciário, tantas vezes invocado para subsidiar as críticas dirigidas à proposta de implementação da execução fiscal administrativa no Brasil, recebeu interessante leitura de Tereza Arruda Alvim Wambier, ao associá-lo à qualidade da prestação jurisdicional:

> O princípio da inafastabilidade do Poder Judiciário consagrado no inciso XXXV do art. 5º já vinha sendo interpretado de forma a garantir ao jurisdicionado não apenas o acesso ao Poder Judiciário, mas também que tal acesso se desse de forma efetiva, adequada e tempestiva.[237]

Cumpre mencionar que tal princípio já era previsto em tratados internacionais dos quais o Brasil é signatário. Segundo Pedro Lenza:

> A prestação jurisdicional dentro de um prazo razoável e efetivo já vinha prevista, como direito fundamental do ser humano, dentre outros dispositivos, nos arts. 8º, 1º, e 25, 1º, da Convenção Americana sobre Direitos Humanos (Pacto de San José da Costa Rica).[238]

Segundo Mônica Bonetti Couto e Samantha Ribeiro Meyer-Pflug, pode ser afirmado que, mesmo antes do advento da EC nº 45, a razoável duração do processo já era inerente à própria garantia de acesso à justiça, na exata medida em que uma atividade jurisdicional morosa e/ou ineficiente esvazia por completo o conteúdo do direito ao acesso à justiça. Em outros termos: o acesso à justiça só é ampla e eficazmente garantido com o asseguramento de uma justiça célere, efetiva e justa. Nesse mesmo norte, aliás, a melhor doutrina aduzia que a duração razoável do processo e um resultado útil eram exigências implicadas na própria garantia do devido processo legal.[239]

---

[237] WAMBIER, Tereza Arruda Alvim et al. *Reforma do Judiciário*: primeiros ensaios críticos sobre a EC n. 45/2004. São Paulo: RT, 2005, p. 31.
[238] LENZA, Pedro. *Direito constitucional esquematizado*. 14. ed. São Paulo: Saraiva, 2010, p. 799.
[239] COUTO, Mônica Bonetti; MEYER-PFLUG, Samantha Ribeiro. Poder Judiciário, justiça e eficiência: caminhos e descaminhos rumo à justiça efetiva. *Revista de Doutrina da 4ª Região*, Porto Alegre, n. 63, dez. 2014. Disponível em: https://www.revistadoutrina.trf4.jus.br/artigos/edicao063/MonicaCouto_SamanthaMeyerPflug.html. Acesso em: 15 out. 2020.

Portanto, não apenas o jurisdicionado particular como também o Ente Público têm garantido o direito de acesso ao Poder Judiciário, nele compreendido o direito à prestação de serviço jurisdicional efetivo, adequado e tempestivo, de modo que se pode concluir que o provimento jurisdicional prestado de forma ineficiente, inadequado e moroso nas execuções fiscais nega ao Estado o próprio direito de acesso efetivo ao Judiciário, em desprestígio a sua condição peculiar de Ente Público.

Entende Freddie Didier Júnior[240] que:

> O princípio da efetividade garante o direito fundamental à tutela executiva, que consiste na exigência de um sistema completo de tutela executiva, no qual existam meios executivos capazes de proporcionar pronta e integral satisfação a qualquer direito merecedor de tutela executiva.

Portanto a efetividade deve garantir o direito do Estado/Credor à tutela executiva referente às execuções fiscais, por meios capazes de proporcionar a pronta e integral satisfação de seus créditos.

Como bem ponderado por José Renato Nalini, o Judiciário, se não estiver atento, será ameaçado pelo fantasma da inutilidade. Um dos efeitos da globalização é o estímulo ao pragmatismo e a avidez pelo êxito.[241] Ninguém está seguro que uma função, por mais tradicional que seja, permanecerá imutável durante as próximas décadas.[242]

Diante desse contexto, as funções tradicionais, incluindo a judiciária, precisam ser repensadas. Se o mundo está em constante mudança, se as instituições se transformam, surgindo novos conceitos e novas necessidades, por consequência, também devem surgir novas propostas, novos instrumentos e procedimentos mais pragmáticos, mais comprometidos com a eficiência, em ininterrupto processo de reciclagem, o que exige da comunidade jurídica abertura para analisar novas propostas despidas de preconceitos.

---

[240] DIDIER JR., Fredie. *Curso de direito processual civil*: execução. v. 5. 4. ed. Salvador: JusPodivm, 2012, p. 47.
[241] NALINI, José Renato. O judiciário, a eficiência e os *Alternative Dispute Resolution* (ADR). *Revista Direito e Liberdade*, Natal, v. 20, n. 1, p. 55-66, jan./abr. 2018.
[242] SENNETT, 2006 apud NALINI, 2018. *Loc. cit.*

4.2 Proposta de um novo paradigma

A atividade financeira, segundo Ricardo Lobo Torres,[243] é o conjunto de ações do Estado para a obtenção da receita e a realização dos gastos para o atendimento das necessidades públicas. Os fins e os objetivos políticos e econômicos do Estado só podem ser financiados pelos ingressos na receita pública. A arrecadação dos tributos constitui o principal item da receita.

Para Anderson Ricardo Gomes, a efetividade da execução fiscal brasileira depende da substituição do atual paradigma de cobrança forçada dos créditos tributários por um novo. No novo paradigma, o procedimento da execução fiscal deve ter como principal objetivo a satisfação do crédito tributário inadimplido, fundamentado juridicamente no princípio constitucional da eficiência e na interpretação econômica do Direito.[244]

Segundo Gomes, a cobrança coercitiva dos créditos tributários no Brasil é concebida pela Administração Tributária, pelo Poder Legislativo e pelo Poder Judiciário, como um procedimento moroso, formalista e ineficiente quanto à satisfação da Fazenda Pública.[245]

A ineficiência do sistema de execução fiscal brasileiro, segundo o mesmo autor, é atribuível ao paradigma sob o qual os Poderes da República concebem o procedimento da execução fiscal. Esclarecendo que a palavra "paradigma" é usada como "referencial ou padrão de ideias ou dogmas vigentes em determinada época ou período de tempo demarcado na análise científica à qual esse paradigma serve".[246]

A execução fiscal no Brasil é compreendida como um procedimento autoritário e agressivo,[247] promovido pelo Ente Público em face do contribuinte hipossuficiente e, por tal razão, o objetivo principal do Poder Legislativo e Judiciário seria a proteção, por vezes, exagerada, dos direitos do devedor.

Formalidades burocráticas ganham mais relevo na gestão e cobrança da dívida tributária do que a própria efetividade dos resultados.

---

[243] TORRES, Ricardo Lobo. *Curso de direito financeiro e tributário*. Rio de Janeiro: Processo, 2018.
[244] GOMES, Ricardo Anderson. Perspectivas para a cobrança de créditos tributários no ordenamento jurídico brasileiro. *Revista de Direito Tributário Contemporâneo*, São Paulo, v. 2, n. 8, p. 139-164, set./out., 2017.
[245] *Ibidem*.
[246] THIBAU, Vinícius Lott. Presunção e prova no direito processual democrático. Belo Horizonte: Arraes Editores, 2011, p. 8 apud GOMES, *op. cit.*, p. 149.
[247] GOMES, *op. cit.*, p. 150.

Sustenta Gomes que, de acordo com o novo paradigma proposto para as execuções fiscais no Brasil, a prioridade deve ser a satisfação do crédito tributário inadimplido:

> O aumento da efetividade da execução fiscal brasileira passa pela mudança substancial e corajosa do atual e esgotado paradigma de cobrança forçada dos créditos tributários para um novo paradigma, segundo o qual o procedimento da execução fiscal deve ter como preocupação principal a satisfação do crédito tributário inadimplido.[248]

Tal premissa é alicerçada juridicamente no princípio da eficiência, consagrado no *caput* do art. 37 da Constituição Federal, garantindo, entre outros sentidos, o de possibilitar o juízo de economicidade nas atuações do Poder Público e a interpretação econômica do Direito, ressaltada por Richard Posner,[249] segundo o qual a eficiência consubstancia-se em um critério de racionalidade intrínseca aos institutos de Direito.[250]

Aplicada essa interpretação às execuções fiscais, a eficiência econômica poderia ser usada como critério de aferição dos resultados obtidos por meio dos executivos fiscais, sendo consideradas úteis à finalidade a que se destinam, se apresentarem graus de eficiência razoáveis.

Essa concepção jurídico-econômica das execuções fiscais permitiria que a Administração estabelecesse critérios prévios de economicidade, possibilitando a prática de outros meios de cobrança dos créditos públicos, além da execução fiscal, caso o Fisco entendesse que a relação custo-benefício desaconselhasse o uso dos meios judiciais, seja pelos altos custos na recuperação de créditos de menor valor, seja pela improvável recuperabilidade do crédito tributário inadimplido.

Henrique Napoleão Alves defende, em sua monografia, intitulada *Um ensaio para a efetividade da execução fiscal*, que:

> Para que a execução fiscal seja considerada eficiente ou plenamente efetiva, deve estar presente a eficiência no sentido pragmático ou utilitarista, de ser capaz de atingir os resultados econômicos almejados (arrecadação), assim como deve caracterizar a eficiência em seu sentido

---

[248] GOMES, *op. cit.*
[249] POSNER, Richard A. *A economia da justiça*. Tradução de Evandro Ferreira e Silva. São Paulo: Martins Fontes, 2010, p. XI-XII.
[250] CALIENDO, Paulo. *Direito tributário e análise econômica do direito*: uma visão crítica. Rio de Janeiro: Elsevier, 2009, p. 47.

jurídico-estrutural, no sentido de propiciar o equilíbrio e a harmonia desse princípio jurídico com os demais princípios constitucionais da tributação (coexistência normativa dos princípios).[251]

Portanto, com o objetivo de aprimorar os resultados das execuções fiscais, em termos de recuperabilidade de créditos públicos inadimplidos, há a necessidade de superação da concepção ou do paradigma de execução fiscal adotado no Brasil até então, visto como um procedimento complexo, excessivamente formal, proposto pela Fazenda Pública perante o Poder Judiciário, apenas em observância ao princípio da indisponibilidade do interesse público, que, interpretado equivocadamente, impõe a cobrança judicial de todo e qualquer crédito público inadimplido, mesmo que sua busca seja economicamente prejudicial ao Fisco.

O padrão que deve nortear a gestão da cobrança dos créditos públicos é a eficiência, o que inclui considerar a conveniência econômica de tal cobrança, na busca de resultados efetivos em termos de arrecadação dos créditos.

4.2.1 Do princípio da eficiência

A necessidade de melhores resultados na Administração Pública culminou com a introdução do princípio da eficiência no *caput* do artigo 37 da Constituição Federal de 1988,[252] a partir da edição da Emenda Constitucional nº 19/1998, cabendo ao Estado qualificar-se no intuito de realizar suas atividades de modo otimizado, com economicidade, celeridade e produtividade.[253]

Para Rodrigo Pironti Aguirre de Castro, no cenário brasileiro, a partir da reforma da Administração promovida com a Emenda Constitucional nº 19, o Estado passou a ser informado por valores como

---

[251] ALVES, Henrique Napoleão. Um ensaio para a efetividade da execução fiscal. Rio de Janeiro: 2012. p. 14 *apud* GOMES, Ricardo Anderson. Perspectivas para a cobrança de créditos tributários no ordenamento jurídico brasileiro. *Revista de Direito Tributário Contemporâneo*, São Paulo, v. 2, n. 8, p. 139-164, set./out. 2017, p. 149.

[252] Art. 37 da CF: A administração pública direta e indireta de qualquer dos Poderes da União, dos Estados, do Distrito Federal e dos Municípios obedecerá aos princípios de legalidade, impessoalidade, moralidade, publicidade e eficiência e, também, ao seguinte. (Constituição Federal de 1988, Redação dada pela Emenda Constitucional nº 19, de 1998).

[253] NUNES FILHO, José Tenório. O princípio da eficiência administrativa e a crise da execução fiscal: problemas e soluções. *Revista de Direito Tributário Contemporâneo*, v. 16, p. 17-45, jan./fev. 2019.

eficiência e qualidade na prestação dos serviços públicos, sem, todavia, substituir por completo o modelo burocrático.[254]

Essa inclusão conferiu ao cidadão brasileiro o direito de exigir eficiência na prestação dos serviços públicos, uma vez que lhe foi conferido *status* de direito constitucional.[255]

Segundo Onofre Alves Batista Júnior, a eficiência representa a relação entre os recursos aplicados e o produto final obtido, ou seja, a razão entre o esforço e o resultado, entre o custo e o benefício resultante (relação entre meios e fins).[256]

A eficiência está associada à melhor maneira pela qual as coisas devem ser feitas ou executadas (métodos), a fim de que os recursos sejam aplicados da forma mais racional possível.[257]

Nesse sentido, destacou José Eduardo Cardozo:

> Desse modo, pode-se definir esse princípio como sendo aquele que determina aos órgãos e às pessoas da Administração direta e indireta que, na busca das finalidades estabelecidas pela ordem jurídica, tenham uma ação instrumental adequada, constituída pelo aproveitamento maximizado e racional dos recursos humanos, materiais, técnicos e financeiros disponíveis, de modo que possam alcançar o melhor resultado quantitativo e qualitativo possível, em face das necessidades públicas existentes.[258]

Entende-se, então, que a eficiência não pode ser compreendida apenas sob a perspectiva econômica, mas como um instrumento de alcance do interesse público coletivo, obtendo a maior realização prática possível, com o menor ônus para o Estado e o cidadão.[259]

---

[254] CASTRO, Rodrigo Pironti Aguirre de. Sistema de controle interno: perspectiva gerencial e o princípio da eficiência. *Revista de Direito Administrativo e Constitucional*, Belo Horizonte, ano 7, n. 30, p. 63-72, out./dez. 2007. Disponível em: www.revistaaec.com/index.php/revistaaec/article/viewFile/635/462. Acesso em: 30 out. 2020.

[255] CORDEIRO. Carla Priscilla Barbosa Santos. O princípio da eficiência administrativa. In: CARVALHO, Fábio Lins de Lessa (Coord.). *Direito administrativo inovador*. Curitiba: Juruá, 2015, p. 85.

[256] BATISTA JÚNIOR, Onofre Alves. *O princípio constitucional da eficiência administrativa*. 2. ed. Belo Horizonte: Fórum, 2012, p. 93.

[257] CHIAVENATO, Idalberto. *Introdução à teoria geral da administração*. 4. ed. São Paulo: MacGraw-Hill, 1979, p. 237-239.

[258] Cf. CARDOZO, José Eduardo Martins. Princípios constitucionais da Administração Pública (de acordo com a Emenda Constitucional nº 19/98). In: MORAES, Alexandre de. *Os 10 anos da Constituição Federal*. São Paulo: Atlas, 1999, p. 166-167.

[259] NUNES FILHO, José Tenório. O princípio da eficiência administrativa e a crise da execução fiscal: problemas e soluções. *Revista de Direito Tributário Contemporâneo*, v. 16, p. 17-45, jan./fev. 2019.

Segundo entendimento de Humberto Ávila:

A medida adotada pela Administração pode ser a menos dispendiosa e, apesar disso, ser a menos eficiente. "Todavia, será ela eficiente quando promove de forma satisfatória os fins em termos quantitativos, qualitativos e probabilísticos". Assim, não basta a utilização dos meios adequados para promover os respectivos fins; mais do que a adequação, a eficiência exige satisfatoriedade na promoção dos fins atribuídos à administração.[260]

Sob a perspectiva da eficiência, são analisadas questões de estrutura administrativa, atuação dos agentes, controle de custos, satisfação pelo resultado alcançado, produtividade, economicidade, celeridade, qualidade, continuidade e desburocratização.[261]

Em decorrência da previsão expressa no *caput* do artigo 37 da Constituição de 1988, não há dúvidas sobre a aplicação do princípio da eficiência no âmbito administrativo, inclusive na cobrança dos créditos inadimplidos.

Gomes defende que o paradigma proposto deve ser observado tanto pelos agentes administrativos, encarregados de promover a execução fiscal, quanto pelos legisladores e membros do Poder Judiciário. Sustentando que o aperfeiçoamento da cobrança de créditos tributários no Brasil depende da mudança cultural e conjunta de todos os atores envolvidos nessa atividade.[262]

4.2.2 Novo paradigma para o Poder Executivo

Quanto aos agentes públicos responsáveis pela Administração Tributária, o paradigma da execução fiscal como instrumento eficiente de cobrança de tributos deve permitir a adoção de meios indiretos de cobrança, diversos da execução fiscal, como: restrições no *status* fiscal do contribuinte inadimplente que inviabilizem a expedição de certidão negativa de débitos fiscais e, por consequência, inviabilizam

---

[260] ÁVILA, Humberto. Moralidade, razoabilidade e eficiência. *Revista Eletrônica de Direito do Estado*, Salvador, n. 4, p. 1-25, out./dez. 2005. Disponível em: www.direitodoestado.com.br/codrevista.asp?cod=67. Acesso em: 19 out. 2020.
[261] BATISTA JÚNIOR, Onofre Alves. *O princípio constitucional da eficiência administrativa.* 2. ed. Belo Horizonte: Fórum, 2012, p. 182.
[262] GOMES, Ricardo Anderson. Perspectivas para a cobrança de créditos tributários no ordenamento jurídico brasileiro. *Revista de Direito Tributário Contemporâneo*, São Paulo, v. 2, n. 8, p. 139-164, set./out. 2017, p. 150.

contratações com o Poder Público, o protesto em cartório das certidões de dívida ativa e a inclusão de débitos fiscais em cadastros particulares de restrição de crédito, como o Serasa e Serviço de Proteção ao Crédito (SPC).[263]

Deve também permitir aos agentes fiscais respaldo jurídico para o arquivamento ou não ajuizamento de execuções com baixa probabilidade de recuperação, permitindo que concentrem seus esforços nas cobranças com maiores probabilidades de arrecadação.

Como exemplo, pode ser citada, em âmbito federal, a Portaria MF nº 75/2012,[264] ao dispor que não haverá a inscrição na dívida ativa da União, de débito de um mesmo devedor com a Fazenda Nacional, de valor consolidado igual ou inferior a R$1.000,00 (mil reais); não se fará o ajuizamento de execuções fiscais de débitos com a Fazenda Nacional cujo valor consolidado seja igual ou inferior a R$20.000,00 (vinte mil reais); e o arquivamento (sem baixa na distribuição), caso já tenha ocorrido o ajuizamento antes da entrada em vigor do normativo (artigos 1º e 2º).

Outro exemplo, também no âmbito federal, é a publicação da Portaria PGFN nº 396/2016, que instituiu o Regime Diferenciado de Cobrança de Créditos (RDCC), consistente no conjunto de medidas, administrativas ou judiciais, voltadas à otimização dos processos relativos à cobrança da dívida ativa pela União, observando critérios de economicidade e racionalidade, visando a outorgar maior eficiência à recuperação do crédito inscrito.[265]

4.2.3 Novo paradigma para o Poder Legislativo

No que concerne aos legisladores e membros do Poder Judiciário, Gomes entende que o procedimento de execução fiscal é concebido sob a ótica dos devedores executados e não do Estado, priorizando-se a defesa do contribuinte perante a Fazenda Pública, exagerando nas suas

---

[263] *Ibidem*, p. 151.
[264] BRASIL. Ministério da Fazenda. Portaria 75 MF, de 22.03.2012 (*DOU*, 26 mar. 2012) – c/Republicação no Diário Oficial de 29.03.2012, Portaria fixa limites para inscrição de débitos na dívida ativa da União. Brasília: *MF*, 2012. Disponível em: http://normas.receita. fazenda.gov.br/sijut2consulta/link.action?idAto=37631. Acesso em: 28 set. 2020.
[265] BRASIL. Portaria PGFN 396, de 20.04.2016. *DOU*, 22 abr. 2016. Regulamenta, no âmbito da Procuradoria-Geral da Fazenda Nacional, o Regime Diferenciado de Cobrança de Créditos – RDCC. Disponível em: https://www.legisweb.com.br/legislacao/?id=378110 Acesso em: 28 set. 2020.

garantias materiais e processuais, resultando na aplicação inadequada da ideologia jurídica garantista no âmbito processual e tributário do Direito brasileiro.[266]

O mesmo autor define o garantismo jurídico como ideologia informadora de inúmeros ordenamentos jurídicos, teorizada a partir do garantismo penal, dogmatizado pelo italiano Luigi Ferrajoli, em sua obra *Diritto i Ragione* (1989).[267] Citada ideologia preceitua que todos os Poderes do Estado devem se colocar a serviço da garantia dos direitos fundamentais dos cidadãos, mediante a previsão constitucional de proibições por parte do Estado, de promover lesões aos direitos de liberdade dos indivíduos e oferecer prestações positivas referentes aos direitos sociais, como expõe Adriano de Bortoli:

> Ferrajoli usa o segundo modelo como sendo o que caracteriza o "Estado de Direito Garantista", designando não somente um "Estado legal" ou "regulado pela lei", mas um modelo nascido das modernas Constituições e caracterizado: a) no plano formal, pelo princípio da legalidade, em virtude do qual todo poder público – legislativo, judicial e administrativo – está subordinado a leis gerais e abstratas, que disciplinam suas formas de exercício e cuja observância se acha submetida a controle de legitimidade por parte de juízes autônomos do mesmo e independentes; b) no plano substancial, pela funcionalização de todos os poderes do Estado a serviço da garantia dos direitos fundamentais dos cidadãos, mediante a incorporação limitativa em sua Constituição dos deveres públicos correspondentes, quer dizer, das proibições de lesar os direitos de liberdade e das obrigações de dar satisfação aos direitos sociais, assim como dos correlativos poderes dos cidadãos de ativar a tutela judicial.[268]

Comparando a legislação brasileira com o Direito estrangeiro, como feito no Capítulo 2 deste trabalho, constata-se um grau acentuadamente garantista ou protecionista ao executado no Brasil, prova dessa assertiva é a grande resistência demonstrada em relação aos projetos legislativos que aumentam o poder e autonomia do Fisco, na cobrança de tributos, bem como a natureza dos argumentos invocados, quase

---

[266] GOMES, Ricardo Anderson. Perspectivas para a cobrança de créditos tributários no ordenamento jurídico brasileiro. *Revista de Direito Tributário Contemporâneo*, São Paulo, v. 2, n. 8, p. 139-164, set./out. 2017, p. 151.

[267] *Ibidem, passim*.

[268] BORTOLI, Adriano de. Garantismo jurídico, estado constitucional de direito e administração pública. p. 5992. Disponível em: http://www.publicadireito.com.br/conpedi/manaus/arquivos/anais/bh/adriano_de_bortoli.pdf. Acesso em: 25 set. 2020.

todos, sob a suposta pretensão de ofensa aos direitos e garantias do executado, conforme também analisado no Capítulo 3.

Como exemplo do protecionismo brasileiro para com o devedor inadimplente, pode ser citado o extenso rol de impenhorabilidades patrimoniais, previsto no art. 833 do Código de Processo Civil em conjunto com a Lei nº 8.009/1990, que não encontra correspondência nos demais ordenamentos jurídicos analisados, sendo incompreensível a impossibilidade, quase absoluta, de se penhorar salário do devedor tributário.

O salário é a fonte ordinária usada pelos cidadãos para custeio de seus débitos, inclusive os tributários.

Tal amplitude de protecionismo ao executado não tem qualquer justificativa aceitável ou razoável. Acaba por inverter o princípio da supremacia do interesse público em benefício do particular inadimplente, extrapola a garantia do mínimo existencial,[269] pois, ainda que o devedor resida em uma mansão, sendo seu único imóvel, a lei lhe assegura impenhorabilidade. Assim também ocorre se o devedor receber remuneração substanciosa, estará protegido de constrição sobre seu salário. Ora, qual fonte de custeio deveria ser usada pelo contribuinte para pagar os tributos, senão seu salário?

É interessante notar que no Brasil o devedor pode consignar seu salário para pagamento de débitos que tenha contraído com agências bancárias, mas não o pode para pagar dívidas que tenha em relação ao Estado.

Evidente que a prioridade do Poder Legislativo, no que se refere à execução fiscal, concentra-se na blindagem do devedor em face do Fisco, tornando seu patrimônio quase inatingível, razão pela qual a efetividade da cobrança de créditos tributários depende da mudança paradigmática do Poder Legislativo.

O Poder Legislativo deve compreender a execução fiscal como instrumento de cobrança de tributos eficiente, para, a partir dessa concepção, elaborar leis que restrinjam as hipóteses de impenhorabilidade, que ampliem as possibilidades e autonomia do Fisco, que confiram tratamento mais severo ao devedor tributário, como a totalidade dos países analisados já o faz.

---

[269] GOMES, Ricardo Anderson. Perspectivas para a cobrança de créditos tributários no ordenamento jurídico brasileiro. *Revista de Direito Tributário Contemporâneo*, São Paulo, v. 2, n. 8, p. 139-164, set./out. 2017.

Não se defende a supressão dos direitos e das garantias constitucionais do contribuinte inadimplente, mas tão somente o equilíbrio entre tais direitos e a necessidade de satisfação do crédito tributário, inclusive para possibilitar ao Estado a implementação de políticas públicas que atendam aos demais direitos fundamentais, dos próprios devedores, como saúde, educação, segurança, moradia, entre outros.

Assim como nos EUA e na França, os Poderes da República devem trabalhar, cada qual, em seu respectivo âmbito de atuação, a fim de se criar no Brasil a cultura de responsabilidade tributária voluntária, devida à percepção de que o pagamento do tributo não é um ônus indesejável, mas um dever inerente à cidadania.

A cidadania fiscal deve ser estimulada e valorizada, assim como o inadimplemento das obrigações fiscais deve ser alvo de descrédito moral e severas sanções. O paradigma da cobrança de tributos deve ser alterado de "ônus indesejável" para "exercício de cidadania", necessário para que o "Estado brasileiro tenha capacidade de fomentar a atividade econômica, ampliar suas políticas de inclusão social e distribuição de renda e, ainda, aprimorar os serviços públicos prestados à sociedade".[270]

4.2.4 Novo paradigma para o Poder Judiciário

Concernente aos membros do Poder Judiciário, verifica-se a mesma postura garantista em favor dos devedores nas execuções fiscais. Muitas interpretações judiciais acabam inviabilizando totalmente a efetividade da execução fiscal para fins de arrecadação.

Cabe mencionar o exemplo citado por Gomes, enunciado da Súmula Vinculante nº 25, do Supremo Tribunal Federal,[271] que declarou inconstitucional a prisão civil do depositário infiel, em oposição frontal à expressa ressalva constitucional que a admite (art. 5º, LXVII), provocando, na prática, o esvaziamento da penhora, já que o depositário não se sente obrigado a cumprir o encargo.[272]

---

[270] Há um direito às condições mínimas de existência humana digna que não pode ser objeto de incidência fiscal e que ainda exige prestações estatais positivas, segundo TORRES, Ricardo Lobo. *Curso de direito financeiro e tributário*. Rio de Janeiro: Processo, 2018, p. 65.

[271] Súmula Vinculante 25 do STF: É ilícita a prisão civil de depositário infiel, qualquer que seja a modalidade de depósito.

[272] GOMES, Ricardo Anderson. Perspectivas para a cobrança de créditos tributários no ordenamento jurídico brasileiro. *Revista de Direito Tributário Contemporâneo*, São Paulo, v. 2, n. 8, p. 139-164, set./out., 2017, 152.

Semelhante resultado ocorreu acerca dos requisitos para responsabilização pessoal de sócios administradores e gerentes pelas dívidas tributárias da pessoa jurídica. Nos termos do art. 135 do Código Tributário Nacional, deveriam responder solidariamente pelas obrigações tributárias resultantes de atos praticados com excesso de poderes ou infração de lei, contrato social ou estatuto.

No entanto, extrapolando os limites da atividade hermenêutica, o Superior Tribunal de Justiça consolidou sua jurisprudência entendendo que o não recolhimento de tributos não viola o estatuto ou contrato social e a lei tributária, afastando, portanto, qualquer responsabilização do administrador por esse fundamento. Não obstante, o tribunal formulou definição própria do que se entende por ilegalidade tributária, exigindo a satisfação de requisitos não estabelecidos nos dispositivos legais.[273]

Prosseguindo nos exemplos de decisões judiciais perniciosas à efetividade da execução fiscal, pode ser citada a permissibilidade dos magistrados acerca do abuso do direito de defesa dos executados que, ordinariamente, fazem uso de instrumentos processuais e alegações meramente protelatórias, o uso excessivo e sem regramento das chamadas exceções ou objeções de pré-executividade, a interposição de embargos à execução fiscal, fundamentados exclusivamente em questões de direito, já pacificadas em sentido contrário, aos interesses do devedor.

Sob o pretexto de que deve ser conferida ampla e irrestrita defesa ao executado, permite seu uso de forma abusiva, prorrogando, irrazoavelmente, a duração do processo, favorecendo o esvaziamento patrimonial do devedor.

Pode-se acrescentar, ainda, o fato de ordinariamente se observar juízes, no intuito de cumprirem suas metas, sentenciando processos muitas vezes sem o cuidado necessário nas execuções fiscais, haja vista o volume descomunal daquelas demandas, sem a preocupação com a efetividade do processo, fato que gera prejuízos à Fazenda Pública e a toda coletividade.

Assim como sustentado em relação aos legisladores, deve haver o acolhimento de um novo paradigma da execução fiscal também em relação ao Poder Judiciário, de modo a compreendê-la como um instrumento de cobrança eficiente e necessário à melhoria de qualidade de vida dos próprios contribuintes.

---

[273] *Ibidem.*

CAPÍTULO 4
UM NOVO PARADIGMA PARA A EXECUÇÃO FISCAL

A partir do acolhimento de uma nova concepção de execução fiscal, espera-se a construção de nova jurisprudência, menos protecionista, sem, contudo, caracterizar ofensa aos direitos fundamentais do contribuinte, jurisprudência mais equilibrada, coibindo a evasão fiscal e atendendo à necessidade de efetividade na execução fiscal.

Oportunas as ponderações do Deputado Luiz Couto, relator do projeto que se converteu na Lei nº 11.382/2006:

> O processo de execução não pode ser um instrumento de favorecimento do devedor inadimplente. As regras atuais da execução de quantia pecuniária oferecem meios para o executado furtar-se à constrição judicial, inviabilizando o atendimento da pretensão do exequente. A reforma processual não pode, por certo, ir de encontro aos princípios do contraditório e da ampla defesa, mas deve criar mecanismos que estimulem o cumprimento das decisões judiciais e desestimulem o uso de expedientes procrastinatórios. Não há dúvida de que atualmente o sistema serve muito mais a quem não quer cumprir suas obrigações, o que precisa ser modificado.[274]

Como demonstrado, a Fazenda Pública precisa de instrumentos capazes de estancar a desenfreada sonegação e ineficiência no processo de cobrança de seus créditos, sem, contudo, comprometer os direitos e garantias assegurados constitucionalmente, de modo que o novo paradigma de execução fiscal possa representar segurança para o administrado, mas também eficiência para o Fisco, na cobrança de sua dívida ativa.

Em que pese o esforço do Constituinte Brasileiro, nem mesmo o mais otimista dos cidadãos poderia reconhecer qualquer avanço significativo do Poder Judiciário na apreciação célere das demandas que lhes são submetidas, com efeitos, reconhecidamente, nefastos aos jurisdicionados, conforme ressalta Hoffman:

> [...] um Estado democrático não pode abandonar seus cidadãos a um processo lento e viciado, pois não é raro que as vidas e o destino das pessoas estejam diretamente vinculados à solução de determinado processo, motivo pelo qual é extremamente leviano fazê-los aguardar tempo excessivo pela decisão judicial, somente porque falta interesse

---

[274] GONÇALVES, Marcelo Barbi. Execução fiscal: um retrato da inoperância, o (bom) exemplo português e as alternativas viáveis. *Revista de Processo*, v. 247, p. 451- 471, set. 2015, DTR\2015\13193.

e vontade política para estruturar e aparelhar adequadamente o Poder Judiciário. [...] um processo que dura um dia a mais do estritamente necessário não terá duração razoável e já será injusto.[275]

Nesse contexto, adquirem relevo as formas alternativas e desjudicializadas de solução das controvérsias, sobretudo, aquelas cuja aplicabilidade seja possível nas execuções fiscais, principal gargalo do Poder Judiciário.

A Procuradoria Geral da Fazenda Nacional (PGFN) compartilhou, em 2011, o "Balanço Geral da União", em que demonstra que a taxa de sucesso na arrecadação, com relação ao total estocado em execuções, chegou a 1,37%, limitando-se em 0,62% em 2010. Ainda, no relatório intitulado *PGFN em Números*, publicado no ano de 2018, é mencionada a existência de débitos em cobrança no valor de dois trilhões de reais, números expressivos e que refletem a falta de eficiência no processo de cobrança dos créditos públicos.

A morosidade, como é constatada pelo Comunicado Ipea 83, é resultado da "cultura organizacional burocrática e formalista, associada a um modelo de gerenciamento processual ultrapassado, que torna o executivo fiscal um procedimento moroso e propenso à prescrição".[276]

O Instituto de Pesquisa Econômica Aplicada (Ipea) calculou que o processo executivo fiscal promovido pela PGFN possui um tempo médio total de tramitação de nove anos, nove meses e dezesseis dias. Esse número, conforme o Comunicado 127, é baseado na carga de trabalho ponderada (WCM)[277] da análise de autos findos de determinado período.[278]

---

[275] HOFFMANN, P. *Razoável duração do processo*. São Paulo: Quartier Latin, 2006, p. 211.

[276] BRASIL. INSTITUTO DE PESQUISA ECONÔMICA APLICADA (Ipea). Comunicados do Ipea 83: custo Unitário do Processo de Execução Fiscal na Justiça Federal. Brasília: Ipea, 2011. Disponível em: www.ipea.gov.br/portal/images/stories/PDFs/comunicado/110331_comunicadoipea83.pdf. Acesso em: 04 set. 2020.

[277] "World Class Manufacturing", em português: Manufatura de Classe Mundial (tradução nossa).

[278] "A partir da análise dos autos findos que compuseram a amostra utilizada para construir o PEFMpgfn, pode-se afirmar que, entre a elaboração da petição inicial pela PGFN e a autuação na Justiça, transcorrem 127 dias (a). Uma vez autuado, o executivo fiscal demanda 54 dias até a ocorrência de um despacho inicial (b). Após o despacho inicial, transcorrem em média 17 dias até que seja ordenada a citação e mais 1.523 dias até que se encontre o executado ou que se extinga o processo, nos casos em que este não venha a ser encontrado. Logo, pode-se afirmar que o PEFMpgfn permanece durante 1.540 dias na etapa de citação (a). O PEFMpgfn permanece durante 569 dias na etapa de penhora (f) e 722 dias no leilão (g). No trabalho de campo conduzido neste estudo, não foi calculado o tempo médio de duração das vistas à PGFN (h), de modo que os intervalos de tempo

Nessa toada, de acordo com os estudos mencionados, depreende-se que o modelo de procedimento adotado para os executivos fiscais assemelha-se ao modelo fordista clássico, em que as tarefas são divididas rigidamente, de modo repetitivo e autorreferente, em que se prioriza a prática das tarefas, contudo sem preocupação com os resultados. Portanto, não se mostra como o meio mais eficiente para combater o acúmulo de processos estocados e reduzir o tempo médio de tramitação dos processos.

De forma que o processo de cobrança dos créditos públicos precisa ser revisto, sob novo paradigma, alicerçado sob o princípio da eficiência, comprometido com resultados satisfatórios, que permitam a inclusão de novos instrumentos processuais e novas perspectivas para a execução fiscal.

---

durante os quais o processo encontra-se em vistas ao exequente estão incorporados no total de cada etapa durante a qual ocorreram. No que diz respeito à defesa do executado, cada objeção de pré-executividade prolonga o processo por 674 dias (i), e os embargos de devedor ou de terceiros demandam 1.791 dias para o seu processamento (j). No campo dos recursos, cada agravo, apelação, recurso extraordinário, recurso especial ou embargo de declaração demanda 318 dias para apreciação e atrasa a baixa do processo em 130 dias, representando um aumento total no tempo de tramitação de 448 dias (ß). Não havendo recurso, entre a sentença e a baixa definitiva transcorrem em média 250 dias (γ). Em geral, os recursos não são um obstáculo significativo à célere tramitação do executivo fiscal, em relação ao tempo consumido nas atividades típicas do Primeiro Grau de Jurisdição. Calculados esses lapsos temporais, tem-se que o tempo médio total de tramitação de um PEFMpgfn é de 3.571 dias, ou seja: 9 anos, 9 meses e 16 dias. Nota-se que essa é uma média provável produzida em função da frequência média provável e do tempo médio provável das etapas que compõem o executivo fiscal promovido pela PGFN" (BRASIL. Instituto de Pesquisa Econômica Aplicada (Ipea). Comunicados do Ipea 127: custo e tempo do processo de execução fiscal promovido pela Procuradoria Geral da Fazenda Nacional (PGFN). Brasília: Ipea, 2011, p. 11-12. Disponível em: www.ipea.gov.br/portal/images/stories/PDFs/comunicado/120103_comunicadoipea127.pdf. Acesso em: 04 set. 2020).

CAPÍTULO 5

EXECUÇÃO FISCAL ADMINISTRATIVA COMO PROPOSTA DE CONCRETIZAÇÃO DO PRINCÍPIO DA EFICIÊNCIA

O modelo de execução fiscal administrativa pode representar uma importante alternativa de descongestionamento para o Poder Judiciário, oportunizando uma prestação jurisdicional verdadeiramente eficiente, ao mesmo tempo que permite a busca de mecanismos inovadores no procedimento de cobrança de créditos públicos, inspirados na experiência comparada, para que também se alcance a eficiência na arrecadação dos créditos públicos.

Entretanto, o mero deslocamento de competência do Poder Judiciário para a Administração Pública, para os fins de cobrança de seus créditos, resolveria de pronto, o problema do congestionamento do Poder Judiciário, mas não garantiria êxito no desafio de superar o fracasso na cobrança dos créditos públicos. Portanto, cumpre pensar a respeito e formular propostas, submetendo-as ao crivo da discussão e das críticas.

5.1 Propostas de inclusão de mecanismos inovadores ao PL nº 5.080/2009

Acerca da necessidade de se rever o procedimento quanto aos maiores entraves do processo de execução, para que a execução fiscal administrativa não seja mero repasse de problemas do Judiciário para o Executivo, esta obra pretende ser propositiva acerca de problemas pontuais no processamento da cobrança de créditos tributários, tais como: localização do devedor, localização de bens do devedor, sistema nacional de leilões, controle administrativo de legalidade da inscrição em dívida ativa, responsabilidade civil, criminal e administrativa dos agentes públicos, capacitação e política remuneratória adequada aos agentes públicos, possibilidade de aditamento da CDA e ajuizamento "inteligente", núcleos especializados para recuperação de grandes créditos, normatização do uso da exceção de pré-executividade, ampliação das prerrogativas da Fazenda Pública na cobrança de seus créditos, cobrança de custas na execução fiscal administrativa, previsão de cooperação entre os países membros de blocos econômicos e instituição de metas de arrecadação.

5.1.1 Localização do executado

Segundo o Comunicado 83 do Ipea, na Justiça Federal, aproximadamente três quintos dos executivos fiscais ultrapassam a fase de citação: "Em 47,4% dos processos ocorre pelo menos uma tentativa inexitosa de citação". Do despacho que ordena a citação até a sua efetivação levam-se em média 1.540 (mil quinhentos e quarenta) dias num quadro caótico de ineficiência no ato citatório.[279]

Tais dados permitem concluir que a citação representa um dos principais fatores para o insucesso da execução e satisfação do credor, merecendo prioridade do legislador acerca da revisão de seu procedimento.

Quanto ao tema citação, importante passo já foi dado pelo PL nº 5.080/2009, ao estabelecer que a notificação do devedor será feita no seu endereço, presumindo-se válida, quando entregue no endereço informado pelo próprio devedor. Ou seja, o legislador atribui ao devedor a obrigação de manter seus dados atualizados nos cadastros públicos, sob pena de ser considerado notificado, caso não o faça.

O legislador reconhece a impossibilidade de o Fisco investigar o endereço atualizado dos milhares de devedores fiscais, dispendendo tempo, recursos financeiros e humanos na tentativa, quase sempre

---

[279] Conclui o Comunicado 127 do Ipea: "Ao cruzar a quantidade de ações nas quais ocorre pelo menos uma tentativa inexitosa de citação com o universo de executivos fiscais nos quais o devedor não é encontrado pelo sistema de Justiça, chega-se à conclusão de que a localização imediata do executado é fundamental para o êxito da citação pessoal. Quando o devedor não é encontrado logo na primeira tentativa, as chances de que venha a ser localizado posteriormente caem para pouco mais de um terço" (BRASIL. Instituto De Pesquisa Econômica Aplicada (Ipea). Comunicados do Ipea 127: custo e tempo do processo de execução fiscal promovido pela Procuradoria Geral da Fazenda Nacional (PGFN). Brasília: Ipea, 2011. Disponível em: www.ipea.gov.br/portal/images/stories/PDFs/comunicado/120103_comunicadoipea127.pdf. Acesso em: 04 set. 2020).

frustrada, de descobrir o paradeiro do devedor que, muitas vezes, não deseja ser encontrado, prestigiando, enfim, a supremacia do interesse público sobre o privado.

Idêntico tratamento é estabelecido pelo Código de Trânsito Nacional (artigo 282, §1º), ao presumir a notificação do condutor a partir da correspondência entregue no endereço por ele informado.[280]

De igual modo, a Lei nº 13.606/2018 acrescentou o art. 20-B à Lei nº 10.522/2002, para estabelecer que, no âmbito federal, inscrito o crédito em dívida ativa da União, a notificação expedida para o endereço informado pelo devedor presume-se válida.

A mesma presunção pode ser encontrada no artigo 274, parágrafo único do CPC, ao estabelecer como ônus da parte no processo manter seu endereço atualizado nos autos, sendo válida a intimação pessoal remetida ao endereço declinado nos autos.

Não há razão para se impor apenas à Fazenda Pública a árdua e inatingível obrigação de investigar o paradeiro de cada um de seus milhares de devedores, invertendo as prerrogativas que lhe foram conferidas em razão do interesse público que abriga.

A alteração no texto normativo acerca do procedimento citatório implicará a solução de um dos maiores gargalos da execução fiscal, representando maior celeridade na tramitação do feito e eficiência no seu resultado, sem maiores custos para a Fazenda. A tendência é que num futuro próximo as citações sejam realizadas por meio de endereços eletrônicos dos devedores, como *e-mails* e não mais endereços físicos, o que conferirá ainda mais dinamismo e economia ao procedimento.

5.1.2 Localização de bens do executado

Superada a fase de citação e a apresentação de defesa do executado, inicia-se, então, a busca por bens do executado para fins de satisfação parcial ou integral do credor, outro grande gargalo do processo de execução.

Dos executivos fiscais que chegam à Justiça Federal, em 15% dos casos há penhora de bens, representando apenas um terço a apresentação voluntária pelo devedor. Dessa forma, apenas 2,6% das execuções resultam em leilão judicial, que, quando ocorre, gera

---

[280] Art. 282, §1º do CTB: A notificação devolvida por desatualização do endereço do proprietário do veículo será considerada válida para todos os efeitos.

recursos para satisfazer o débito em 0,2% dos casos.[281] Esse panorama, segundo o Comunicado 127 do Ipea, deve-se "à complexidade dos atos administrativos e judiciais necessários à realização de um leilão, que são extremamente burocráticos, demandam muito trabalho e são de pouca efetividade".[282]

Nesse contexto, de dificuldade de localização de bens do devedor, boas expectativas podem ser cultivadas a partir das alterações propostas pelo PL nº 5.080/2009. O projeto cria o Sistema Nacional de Informações Patrimoniais dos Contribuintes, com base nacional unificada de dados patrimoniais, rendimentos e endereços de contribuintes, utilizando, também, informações gerenciadas pela Secretaria da Receita Federal do Brasil.

Além das informações ofertadas ao SNIPC, os órgãos e entidades públicos e privados que por obrigação legal operem cadastros, registros e controle de operações de bens e direitos – tais como: cartórios de registro de imóveis, Departamento Estadual de Trânsito (Detran), Secretaria do Patrimônio da União, Capitania dos Portos, juntas comerciais, Agência Nacional de Aviação Civil, Comissão de Valores Mobiliários, bolsas de valores, Superintendência de Seguros Privados, Banco Central do Brasil, Câmaras de Custódia e Liquidação, Instituto Nacional de Propriedade Intelectual – deverão fornecer informações adicionais, se requisitadas pela Fazenda Pública.

Tal medida desburocratiza e acelera o procedimento de busca de bens, diminui custos, dificulta a ocultação de patrimônio e informações pelo devedor, em razão do cruzamento de diferentes bases de dados, de forma que aumenta, em muito, as chances de satisfação do crédito fazendário.

Entretanto, sugere-se a criação de obrigação legal aos órgãos que operem cadastros e controle de bens e direitos, de comunicação aos Entes Públicos, independente de requisição, acerca das alienações de bens, como já é feito pelo cartório de notas ao Detran nas alienações de automóveis.

---

[281] BRASIL. INSTITUTO DE PESQUISA ECONÔMICA APLICADA (Ipea). Comunicados do Ipea 83: custo Unitário do Processo de Execução Fiscal na Justiça Federal. Brasília: Ipea, 2011. Disponível em: www.ipea.gov.br/portal/images/stories/PDFs/comunicado/110331_comunicadoipea83.pdf. Acesso em: 04 set. 2020.

[282] BRASIL. Instituto De Pesquisa Econômica Aplicada (Ipea). Comunicados do Ipea 127: custo e tempo do processo de execução fiscal promovido pela Procuradoria Geral da Fazenda Nacional (PGFN). Brasília: Ipea, 2011. Disponível em: www.ipea.gov.br/portal/images/stories/PDFs/comunicado/120103_comunicadoipea127.pdf. Acesso em: 04 set. 2020.

O SNIPC, portanto, é uma grande promessa e uma alternativa de solução para um dos grandes entraves do processamento das execuções fiscais: localização de bens do devedor. Atualmente, a Fazenda despende muito tempo oficiando órgãos e peticionando ao Judiciário em busca de informações do devedor para conseguir dar andamento à execução. Essas informações chegam a demorar meses, e ocasionalmente até anos, para serem disponibilizadas e, muitas vezes, já chegam desatualizadas.

Na sociedade da informação, num mundo cada vez mais digital, não é crível que o Estado não consiga executar um devedor por falta de informações ou dificuldades no seu acesso, mesmo titularizando tantas prerrogativas em nome do interesse público.

5.1.3 Sistema nacional de leilões

Embora se reconheçam relevantes avanços trazidos pelo PL nº 5.080/2009, registra-se sua omissão acerca de outro grande entrave na satisfação do crédito tributário, os leilões. Assim, outra medida necessária à satisfação do credor seria a criação de um sistema nacional de leilões. O leilão negativo, situação em que o bem levado à hasta pública não encontra interessados, é um dos acontecimentos mais frustrantes do procedimento.

Desse modo, a ampla divulgação dos bens em local centralizado e com a possibilidade de oferecimento de lance à distância, por meio da *internet*, a exemplo de portais como "Mercado Livre", permitem majorar o número de interessados e aumentam a possibilidade de resultado positivo, ampliando o grau de eficiência dos executivos fiscais.

O leilão, como atividade preponderantemente administrativa, também poderia ter sido desjudicializado na proposta legislativa analisada, condicionando à apreciação judicial apenas os casos de eventuais insurgências das partes envolvidas, como já é praticado, de forma consolidada, pelo Direito Comparado.

5.1.4 Controle de legalidade administrativo da inscrição em dívida ativa

Outra importante medida, não prevista satisfatoriamente no PL nº 5.080/2009, é a instituição de procedimento obrigatório de controle de legalidade administrativo do ato de inscrição do débito em dívida ativa. O projeto limitou-se a reproduzir texto semelhante ao atual art. 2º, §3º da

LEF, sem prever mecanismos que garantam que o controle de legalidade do ato de inscrição em dívida ativa aconteça de forma efetiva.

Entre as causas de ineficiência na recuperação dos créditos inscritos em dívida ativa, podem ser apontados fatos originários da própria Fazenda Pública, quando realiza um cadastro incompleto do devedor, demora na constituição e na cobrança da certidão de dívida ativa (CDA), ou promove execuções que não terão um resultado prático.

Muitos executivos fiscais já chegam ao Judiciário decaídos ou prescritos. Ainda, os que chegam a tempo ao Poder Judiciário são ajuizados, muitas vezes, próximos da prescrição; padecem de vícios diversos, tais como: ausência de CPF/CNPJ, resultando em homonímia; duplicidade de CDA, gerando mais de uma execução; ausência de endereço atualizado; além da ausência de outros requisitos legais.

Não raras vezes, as execuções fiscais são propostas contra partes ilegítimas, sendo alvo de sentenças judiciais, proferidas em massa, reconhecendo a extinção do processo com base na Súmula nº 392 do STJ,[283] que não permite a correção do polo passivo.

Ainda pode ser citada a propositura de demandas infundadas contra entidades imunes, ou contra a própria Fazenda Pública credora; por vezes, cobram-se valores exorbitantes ou aquém do devido, ou valores irrisórios, inferiores ao próprio custo do processo.

Perceptível, portanto, que o ato de inscrição em dívida ativa é fruto, por vezes, de desleixo e descompromisso com a coisa pública, descaso em se criar procedimento adequado e eficiente de gestão e controle, que impeça a extinção dos processos ou o cancelamento administrativo, sem o recebimento do crédito correspondente.

Apenas para exemplificar o prejuízo causado ao erário pela quantidade de cancelamentos de créditos inscritos em dívida ativa sem o efetivo controle de legalidade, em razão do reconhecimento posterior, de vícios diversos, apresenta-se o Gráfico 06, a seguir, que expressa em valor monetário, os créditos cancelados no Município de Bertioga nos anos de 2018 e 2019.

---

[283] BRASIL. Supremo Tribunal de Justiça (STJ). Súmula nº 392. A Fazenda Pública pode substituir a certidão de dívida ativa (CDA) até a prolação da sentença de embargos, quando se tratar de correção de erro material ou formal, vedada a modificação do sujeito passivo da execução. Súmula nº 392, Primeira Seção, julg. 23.09.2009, DJe, 07 out. 2009. Disponível em: https://scon.stj.jus.br/SCON/sumanot/toc.jsp. Acesso em: 12 set. 2020.

GRÁFICO 06 – Créditos inscritos em dívida ativa cancelados no Município de Bertioga nos anos de 2018 e 2019

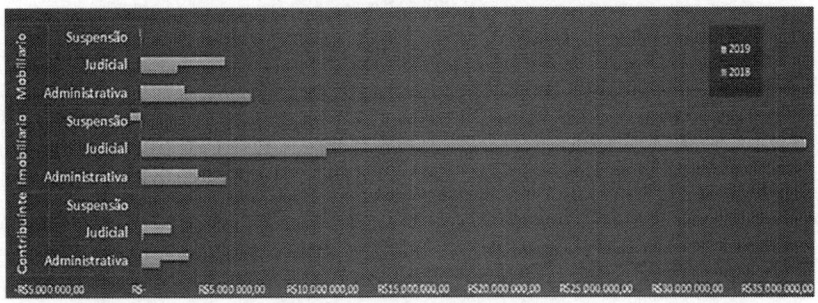

[Gráfico de barras horizontais mostrando categorias Contribuinte Imobiliário / Imobiliário / Mobiliário, com subdivisões Suspensão, Judicial, Administrativa, para os anos 2018 e 2019, com valores variando de -R$5.000.000,00 a R$35.000.000,00]

Fonte: Setor de dívida ativa do Município de Bertioga/SP.

Cumpre destacar que a execução do crédito tributário é promovida a partir da CDA, título executivo extrajudicial previsto no art. 784, IX, do CPC. Diferentemente dos demais títulos executivos extrajudiciais, a CDA é elaborada unilateralmente, a partir do lançamento realizado pela autoridade administrativa, que goza da presunção de veracidade *uris tantum*, atribuída aos atos do Poder Público em geral.[284]

Constata-se, portanto, que o título executivo extrajudicial (certidão da dívida ativa) que aparelha o processo de execução fiscal não é um título qualquer. Apesar de ser confeccionado pelo próprio credor, trata-se de um Ente Público e, em razão dessa qualidade, o credor está adstrito à observância dos princípios constitucionais administrativos.

Portanto, a razão pela qual é conferida a presunção de veracidade à CDA é o pressuposto de que houve um rígido controle de legalidade na elaboração do título executivo.

Assim, a inscrição fiscal apenas gera a presunção de certeza e liquidez da dívida ativa quando atestar fundamentadamente a regularidade do lançamento, para propiciar o seu controle pelo Judiciário. O procurador fiscal não deve aprovar a inscrição do débito na dívida ativa diante de vícios do lançamento ou do processo administrativo fiscal.[285] Essa aprovação pode lhe acarretar responsabilidade funcional.

---

[284] MARINS, James. *Direito processual tributário (administrativo e judicial)*. 4. ed. São Paulo: Dialética, 2005, p. 629-630.
[285] ROCHA, Valdir de Oliveira (Coord.). O mandado de segurança como instrumento para garantir o devido processo administrativo fiscal. Processo administrativo fiscal. São Paulo: Dialética, 1997. v. 2, p. 143 apud GRECO, Leonardo. Garantias fundamentais do processo: o processo justo. *Novos Estudos Jurídicos*, ano VII, n. 14, p. 9-68, abr. 2002. Disponível em: https://siaiap32.univali.br/seer/index.php/nej/article/view/1/2. Acesso em: 10 out. 2020.

Contudo, conforme leciona Paulo de Barros Carvalho, atualmente não é mais possível acreditar na inversão do ônus da prova por força da presunção de legitimidade dos atos administrativos. O lançamento precisa ser fundamentado, e em caso de impugnação, cabe ao Fisco demonstrar a sua improcedência.[286]

Respeitados esses requisitos, a CDA deve ser uma expressão fiel do conteúdo do lançamento do crédito fiscal. Como destaca James Marins, "não pode o Ente arrecadador buscar o acertamento de seu crédito após ter instruído o título e dado início à execução",[287] de modo que o controle de legalidade da inscrição do débito em dívida ativa deve ser simultâneo à própria inscrição e não após o ajuizamento da execução fiscal.

Na concepção de João Batista Lopes, o ato de inscrição em dívida ativa permite que:

> [...] o agente da Administração Pública a quem compete inscrever os créditos fazendários torne-se o "juiz" do procedimento de constituição de tais créditos, podendo (e devendo) determinar a anulação e o refazimento de atos viciados, evitando, com a medida, futuras nulidades no processo judicial de cobrança.[288]

Seguindo esse entendimento, desde o Decreto-Lei nº 147, de 1967, em seu art. 15, inciso IV, os Procuradores da Fazenda Nacional estão autorizados a cancelar a inscrição em dívida ativa quando indevidamente feita.[289]

---

[286] CARVALHO, Paulo de Barros. A prova no procedimento administrativo tributário. *Revista Dialética de Direito Tributário*, n. 34, 1998, p. 104. Sobre a inversão do ônus da prova no lançamento fiscal ver MIRANDA NETTO, Fernando Gama de. *Ônus da prova no direito processual público*. Rio de Janeiro: Lumen Juris, 2009, p. 248.

[287] CANTOARIO, Diego Martinez Fervenza. Considerações sobre o Projeto de Lei 5.080/2009: a nova Lei de Execução Fiscal. *Revista Tributária e de Finanças Públicas*, v. 91, p. 11-42, mar./abr. 2010.

[288] LOPES, João Batista. Contraditório e abuso do direito de defesa na execução. *In*: FUX, Luiz; NERY JUNIOR, Nelson; Wambier, Teresa Arruda Alvim (Org.). *Processo e constituição*. São Paulo: Revista dos Tribunais, 2006, p. 346-357.

[289] Já trazia o Plano Diretor de Reforma do Aparelho do Estado, precursor da Emenda Constitucional nº 19/1998: "A boa gestão é aquela que define objetivos com clareza, recruta os melhores elementos através de concursos e processos seletivos públicos, treina permanentemente os funcionários, desenvolve sistemas de motivação não apenas de caráter material, mas também de caráter psicossocial, dá autonomia aos executores e, afinal, cobra os resultados" (BRASIL. *Plano Diretor da Reforma do Aparelho do Estado*. Câmara da Reforma do Estado, Brasília, 1995, p. 38. Disponível em: http://bresserpereira.org.br/_wp/wp-content/uploads/2018/05/planodiretor.pdf. Acesso em: 12 out. 2020).

Destaque às lições de Ana Paula Andrade Borges de Faria,[290] acerca da relevância da atividade de controle exercida pela Advocacia Pública:

> O Advogado Público tem compromisso com a legalidade, não com o interesse transitório de governantes. Tal é o motivo, aliás, pelo qual a Constituição qualifica o Procurador como PROCURADOR DE ESTADO. Assim sendo, no exercício de tal atividade de controle, deve servir unicamente ao interesse público.

Portanto, o controle administrativo do ato de inscrição em dívida ativa não pode ser apenas fictício, a lei precisa prever mecanismos que garantam sua efetividade, incluindo responsabilidade funcional pela sua omissão.

5.1.5 Responsabilização civil, criminal e administrativa dos agentes públicos

Acerca da responsabilização de servidores públicos, por eventual desídia no exercício das atribuições de inscrição e cobrança da dívida ativa, consta, no art. 4º, §7º do PL nº 5.080/2009, previsão para aplicação das penalidades previstas na Lei nº 8.112, de 11 de dezembro de 1990 (que dispõe sobre o Regime Jurídico dos Servidores Públicos Civis da União, das autarquias e das fundações públicas federais), e no Decreto-Lei nº 2.848, de 07 de dezembro de 1940 – Código Penal, apenas em relação aos serventuários e auxiliares de justiça, quando não cumprirem as determinações transmitidas pelos órgãos responsáveis pelo gerenciamento do SNIPC.

Logo, apenas servidores federais da Justiça poderiam ser responsabilizados por suas omissões no cumprimento de atividades relacionadas ao SNIPC, como previsto no atual PL nº 5.080/2009.

Ainda, o artigo 2º, §3º e §4º do Projeto de Lei nº 5.080/2009 dispõe que a inscrição constitui o ato de controle administrativo da legalidade e que o crédito da União deve ser inscrito pela Procuradoria da Fazenda

---

[290] FARIA, Ana Paula Andrade Borges de. *A consultoria jurídica como instrumento de controle dos atos do poder público*. Caderno de Teses do XXVIII do Congresso Nacional dos Procuradores do Estado: ética e estado de justiça: novas dimensões. v. 1. Porto Alegre: Metrópole indústria gráfica, 2002.

Nacional, mantendo a redação semelhante do atual art. 2º, §3º da LEF, sem, contudo, prever responsabilidade funcional, cível e penal para os servidores que deixarem de realizar o efetivo controle de legalidade do ato, o que, na prática, pode estimular a manutenção da atual ausência do controle efetivo.

Previsão mais ampla havia sido feita pelo art. 46 do PL nº 2.412/2007, ao estabelecer a possibilidade de responsabilidade civil, penal e administrativa para o Procurador, o agente fiscal ou qualquer outro servidor público que, por ação ou omissão, culposa ou dolosa, prejudicar a execução. Previsão que não fora repetida no projeto mais recente apresentado, como anteriormente descrito, o que precisaria ser corrigido.

5.1.6 Capacitação e política remuneratória adequada para os agentes públicos

Além da implementação do controle administrativo efetivo de legalidade do ato de inscrição na dívida ativa e da responsabilização funcional de servidores, alguns mecanismos podem ser adotados para otimizar a eficiência na condução do processo de cobrança dos créditos públicos, a exemplo da capacitação e aperfeiçoamento permanente e adequada política remuneratória dos agentes públicos envolvidos na atividade de cobrança.[291]

Inúmeros estudos têm demonstrado a importância do investimento na formação humana, como fator de produção. Porém, não só em relação à produção, mas também como forma de incremento da ética e do desenvolvimento institucional. Nesse sentido, os índices de desenvolvimento humano têm influência direta na participação e controle do Estado por parte dos cidadãos, como também na diminuição dos níveis de corrupção e de todas as demais formas de patrimonialismo, contribuindo, dessa maneira, para um Estado mais eficiente.[292]

Assim, deve haver a permanente capacitação dos recursos humanos da Administração Pública, a fim de que os servidores públicos

---

[291] KOSSMANN, Edson Luís. *A constitucionalização do princípio da eficiência na Administração Pública*. Porto Alegre: Sergio Antonio Fabris Editor, 2015. p. 128.

[292] CARVALHO, Fábio Lins de Lessa. A eficiência da Administração Pública e a efetivação dos direitos fundamentais. *In*: CARVALHO, Fábio Lins de Lessa (Coord.). *Direito administrativo inovador*. Curitiba: Juruá, 2015, p. 182.

possam estar cada vez mais preparados para as atividades que prestam. Por certo, a motivação é um elemento imprescindível para gerar a eficiência na atuação dos servidores, e isso se faz a partir do estabelecimento de uma adequada política remuneratória, bem como a previsão racional de planos de carreira.[293]

Reconhece-se que a implementação do controle de legalidade no ato da inscrição do débito em dívida ativa aumenta, consideravelmente, o volume de trabalho dos órgãos administrativos correlatos, sobretudo da Advocacia Pública, já tão desestruturada. Muitos municípios, no âmbito de suas competências legislativas, têm criado leis que permitem a cobrança de honorários a partir da inscrição do débito em dívida ativa, rateando-os proporcionalmente aos Procuradores Fiscais e servidores públicos responsáveis pelo ato, tais como Diadema/SP (Lei Municipal nº 3.495/2014, Decreto Regulamentador nº 7.623/19), Fortaleza/CE (LC nº 006/1992 – Lei Orgânica da Procuradoria Geral do Município de Fortaleza).

Assim, a cobrança de honorários dos contribuintes que deram causa à inscrição também passou a ser um fator de desestímulo ao inadimplemento, ao passo que valoriza e estimula os bons préstimos dos servidores que terão sua demanda de trabalho significativamente ampliada.

Nesse mister, oportuno lembrar que, em países como o México, foi criado Fundo específico destinado ao provimento de recursos para o custeio da cobrança administrativa, dos programas públicos de fomento ao cumprimento das obrigações fiscais e para o financiamento de formação de funcionários fiscais.

É de se concluir que servidor desmotivado, sem perspectiva profissional e não capacitado pouco contribui na busca de uma Administração eficiente, em especial no planejamento e no desenvolvimento de atividades.

O ponto de partida do aperfeiçoamento desses servidores deve ser o investimento pesado nas Procuradorias Fiscais, para assegurar uma atuação de excelência. Esses investimentos devem permitir a capacitação com cursos, aquisição de equipamentos e sistemas de informática e a contratação de novos servidores com formação específica

---

[293] NUNES FILHO, José Tenório. O princípio da eficiência administrativa e a crise da execução fiscal: problemas e soluções. *Revista de Direito Tributário Contemporâneo*, vol. 16, p. 17-45, jan./fev. 2019.

de um quadro próprio e qualificado. Além disso, devem permitir um papel mais atuante do Ente na localização do devedor e seus bens.[294]

Destarte, solução interessante seria a instituição de incidência de honorários a partir da inscrição em dívida ativa, como já fazem outros Municípios, onerando o contribuinte inadimplente que deu causa à inscrição do débito e ao processamento de cobrança, ao mesmo tempo que permite adequada remuneração aos servidores envolvidos no processo de inscrição e cobrança do débito, que terão suas atribuições significativamente ampliadas. Percentual desse "Fundo" poderia ser usado para capacitação e treinamento dos mesmos servidores.

5.1.7 Possibilidade de aditamento da CDA e ajuizamento "inteligente"

Previsão de essencial relevância seria a permissão para que a CDA pudesse ser, a qualquer tempo, aditada para a inclusão de corresponsáveis. Tal permissivo inibiria a aplicação da Súmula nº 392 do STJ, responsável pela extinção de inúmeras execuções fiscais sem recebimento do respectivo crédito. Uma vez aditada a CDA, seria garantida a devolução do prazo para manifestação do executado, bem como responsabilizada a Fazenda pelas custas que o devedor houver suportado.

Outra questão relevante para o resultado eficiente da cobrança de créditos públicos é a necessidade de se conferir autonomia aos Entes Públicos para que, considerando suas peculiaridades, regulamentem o chamado "ajuizamento inteligente", a partir do binômio custo-benefício.

Sugere-se a inclusão, no projeto de lei, de autorização para que os órgãos de Advocacia Pública deixem de ajuizar execuções fiscais que, conforme critérios a serem estabelecidos por cada um dos Entes, mostrem-se economicamente inviáveis, em razão de o custo de sua cobrança superar o valor do crédito cobrado. Essa prática de "ajuizamento inteligente" é praticada pela quase totalidade dos países analisados, permitindo à Fazenda Pública concentrar seus esforços em créditos potencialmente recuperáveis, como já é realizado pela União e por alguns estados, como Minas Gerais e Bahia.

---

[294] BRASIL. *Lei nº 13.105*, de 16 de março de 2015. Código de Processo Civil. Disponível em: www.planalto.gov.br/ccivil_03/_ato2015-2018/2015/lei/l13105.htm. Acesso em: 29 set. 2018.

Essa política de oportunidade já é consagrada no Código de Processo Civil pelo art. 836: "Não se levará a efeito a penhora quando ficar evidente que o produto da execução dos bens encontrados será totalmente absorvido pelo pagamento das custas da execução".[295]

Igualmente, no âmbito federal, o art. 20-C da Lei nº 10.522/2002, acrescido pela Lei nº 13.606/2018,[296] prevê que a Procuradoria Geral da Fazenda Nacional poderá condicionar o ajuizamento de execuções fiscais à verificação de indícios de bens, direitos ou atividade econômica dos devedores ou corresponsáveis, desde que úteis à satisfação integral ou parcial dos débitos a serem executados.

O art. 2º, §3º do Projeto de Lei nº 2.412/2007 dispõe que, atendendo critérios de economicidade e eficiência, o órgão competente para processar a execução fiscal pode fixar valor mínimo para a instauração do procedimento. Entretanto, tal dispositivo não foi repetido no PL nº 5.080/2009.

A legislação deve permitir não apenas o ajuizamento inteligente como também o arquivamento de processos de cobrança de créditos fiscais, por impossibilidade de cobrança ou por insolvência do devedor. Deve ser definido previamente o que é considerado crédito incobrável, estabelecendo relação hipotética entre o que se gastaria para a cobrança e o suposto resultado do alcance perseguido.

Ainda, como dito anteriormente, o processo de execução fiscal possui um custo alto, sendo estimado pelo Ipea o ponto de partida economicamente justificável para a PGFN realizar sua promoção o valor de R$21.731,45 (vinte e um mil setecentos e trinta e um reais e quarenta e cinco centavos). Cada Ente deve empreender estudos no sentido de identificar qual é o seu ponto economicamente viável.

Logo, é dever da Administração avaliar a pertinência da execução fiscal para casos de débitos de diminuto valor, mas sem abrir mão desses créditos, que poderão ser cobrados por meio de outros mecanismos, como *call centers*, o protesto, transação, inscrição em cadastros privados e outros.

---

[295] Art. 20-C da Lei nº 10.522/2002: A Procuradoria-Geral da Fazenda Nacional poderá condicionar o ajuizamento de execuções fiscais à verificação de indícios de bens, direitos ou atividade econômica dos devedores ou corresponsáveis, desde que úteis à satisfação integral ou parcial dos débitos a serem executados

[296] BRANCO, Mariana. Dívida ativa da União supera arrecadação e tem cobrança lenta. Brasília, 14 mar. 2016. Disponível em: http://agenciabrasil.ebc.com.br/economia/noticia/2016-03/dom-ou-seg-divida-ativa-da-uniao-impressiona. Acesso em: 19 out. 2020.

A exemplo da legislação mexicana, se o custo da cobrança atingir 75% (setenta e cinco por cento) do crédito perseguido, pode a autoridade fiscal deixar de cobrá-lo. Entretanto, o devedor não ficaria, desde já, liberado de eventual e superveniente pagamento, caso houvesse alteração na sua situação patrimonial.

Segundo prevê a legislação chilena, débitos não cobráveis devem ser periodicamente reavaliados, retomando-se o procedimento de cobrança no momento em que se tiver notícias de bens penhoráveis, respeitando-se os prazos prescricionais estabelecidos, em regra de três anos.

Dispositivo semelhante foi previsto no PL nº 5.080/2009, ao permitir o arquivamento do processo, na hipótese de não localização de bens, assim como seu desarquivamento, a qualquer tempo, caso sejam localizados bens penhoráveis, exceto se consumado o prazo prescricional.

5.1.8 Núcleos especializados para recuperação de grandes créditos

Além do exposto, outro ponto deve ser observado quanto à atuação eficiente da Fazenda Pública. Segundo informa a Diretora do Departamento de Gestão da dívida ativa da União da PGFN, em entrevista publicada no portal Agência Brasil,[297] menos de 1% dos devedores são considerados grandes (com débitos acima de 15 (quinze) milhões de reais, em débitos consolidados), sendo responsáveis por, aproximadamente, 70% do valor estocado de execuções fiscais da União.

Por isso, o serviço das Procuradorias deve ser racionalizado e direcionado para a recuperação desses grandes créditos, até mesmo com a criação de núcleos especializados, em observância ao princípio da eficiência, na busca do melhor resultado com o menor ônus possível para o Estado e o cidadão.

5.1.9 Normatização do uso da exceção de pré-executividade

Considerando o comportamento rotineiro de grande parte das Fazendas Públicas em ajuizar as execuções fiscais na véspera de sua

---

[297] SHIMURA, Sérgio. *Título executivo*. São Paulo: Saraiva, 1997, p. 82.

prescrição ou quando já prescritas, seria conveniente que o legislador estabelecesse, no art. 5º do PL nº 5.080/2009, um limite temporal para a notificação do devedor, após a inscrição do débito em dívida ativa (até um ano, por exemplo). Com o propósito de se evitar que os mesmos entraves havidos na execução fiscal judicial também venham a ocorrer na execução fiscal administrativa.

Outra prática que contribui para a ineficiência da cobrança dos créditos públicos são as dilações ocorridas no curso do processo de execução fiscal, principalmente, pelo abuso no emprego da exceção de pré-executividade, propiciado pela falta de regulamentação legal desse instrumento de defesa. Como exemplo, pode ser citado o Processo nº 0003981-36.2005.8.26.0075, em que o Ente Público municipal, intimado judicialmente a se manifestar acerca de inúmeras exceções de pré-executividade, inclusive, a exceção protocolada, após quatro anos do trânsito em julgado do processo.

Chama-se a atenção para o aumento progressivo no número de exceções de pré-executividade ajuizadas, em razão da desnecessidade de garantia do juízo, devido à falta de rigor na análise dos pressupostos de sua admissibilidade, da falta de regramento do instituto, da tolerância judicial com o alargamento de suas matérias de defesa e do intuito protelatório dos devedores em prorrogar os atos de constrição patrimonial, desvirtuando a finalidade daquele instituto.

Por óbvio que tudo isso tem impactado a propositura de ação de embargos do devedor, reduzindo-se drasticamente a sua utilização em juízo, conforme se verifica pelo Gráfico 07, ilustrativo da quantidade de exceções de pré-executividade e embargos à execução propostos nos anos de 2015 a 2020, no curso das ações de execução fiscal propostas pelo Município de Bertioga/SP.

GRÁFICO 07 – Quantidade de Embargos e Exceções de Pré-Executividade propostos entre os anos de 2015 a 2020, em processos de execução fiscal ajuizados pelo Município de Bertioga/SP

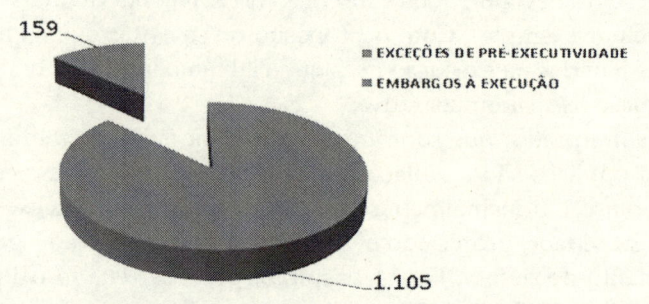

- EXCEÇÕES DE PRÉ-EXECUTIVIDADE: 159
- EMBARGOS À EXECUÇÃO: 1.105

Fonte: *Site* TJSP (Intimações *on-line*), consulta realizada em 1º.10.2020, e Sistema de Peticionamento Eletrônico – SIL Tecnologias.

É imperioso, portanto, que o legislador regulamente de modo uniforme quais seriam os pressupostos de cabimento desse instrumento processual, em que momento ele seria cabível, qual o prazo para sua propositura, quais matérias poderiam ser alegadas e se haveria efeito suspensivo ou não.

A realização de juízo de admissibilidade deve ser feita com maior rigor, tendo em vista que tal instituto não foi criado para dar abrigo a maus pagadores. À luz do princípio da razoável duração do processo, "as alegações trazidas em seu bojo deverão estar claras a ponto de serem conhecidas de plano pelo magistrado, evitando-se uma dilação probatória que vá além da apreciação dos documentos trazidos com a petição de arguição".[298]

O art. 7º do PL nº 5.080/2009 esclarece que caberá uma espécie de "exceção de pré-executividade" proposta perante a própria autoridade administrativa, sem efeito suspensivo, no prazo de 30 (trinta) dias após o recebimento da notificação, podendo arguir tão somente: o pagamento, a compensação anterior à inscrição, matérias de ordem pública e outras causas de nulidade do título que possam ser verificadas de plano, sem necessidade de dilação probatória. Cabem ainda impugnações do devedor, dirigidas ao Poder Judiciário, em regra, sem efeito suspensivo, não cabendo dilação probatória.

---

[298] CAMPELLO, André Emmanuel Batista Barreto; FERNANDES, Helga Letícia da Silva. Execução Fiscal: um colapso de um sistema. *Quanto custa o Brasil?*. Disponível em: http://www.quantocustaobrasil.com.br/artigos-pdf/execucao-fiscal-o-colapso-de-um-sistema.pdf. Acesso em: 31 mar. 2020.

5.1.10 Ampliação das prerrogativas da Fazenda Pública na cobrança de seus créditos

De igual modo, embora tenha se avançado muito em relação à realidade atual, é tímido o projeto legislativo acerca dos poderes e prerrogativas conferidas à Fazenda Pública, para cobrança dos créditos tributários, em relação às mesmas prerrogativas conferidas pelo Direito alienígena, especialmente pela falta de previsão a respeito da possibilidade de penhora de salários, rendas e aposentadorias dos devedores.

O projeto de lei não atribuiu à Administração Fiscal brasileira amplos poderes e prerrogativas para penhorar e leiloar bens, penhorar salários, aposentadorias e rendimentos do devedor, autorizar o implemento administrativo de medidas cautelares.

O projeto não disponibilizou ao agente administrativo, sem prévia autorização judicial, a possibilidade de reforço policial, atendendo ao pedido da autoridade fiscal, no exercício de suas funções, ainda que aos atos administrativos seja atribuído autoexecutoriedade. Tal permissão está prevista apenas no art. 41 do PL nº 2.412/2007.[299]

O projeto legislativo atribui à autoridade administrativa fiscal brasileira apenas a possibilidade de realização de penhora preparatória, condicionada à posterior ratificação do Poder Judiciário, diferentemente dos países analisados em que a penhora definitiva é conduzida pelos agentes fiscais.

5.1.11 Cobrança de custas na execução fiscal administrativa

Na legislação mexicana de execução fiscal administrativa, existe previsão para recolhimento de valores para custeio do procedimento de cobrança. Calculam-se tais rubricas mediante a aplicação de alíquota de 2% (dois por cento) ao crédito fiscal perseguido, lançado por diligência, na medida em que os atos procedimentais vão se realizando.

Há pormenorizados valores exigíveis a título de despesas com a execução fiscal administrativa: transporte de bens penhorados, avaliações, impressão e publicação de editais, diligências, solicitações de informações, registros públicos, honorários de depositários e de peritos,

---

[299] Art. 41. Sempre que, para efetivar a execução, for necessário o emprego de força policial, o agente fiscal a requisitará, mediante a simples exibição do mandado executivo.

de interventores, confecção de escrituras públicas, entre outros. Semelhante previsão não constou no projeto legislativo brasileiro.

O PL nº 5.080/2009 apenas menciona o pagamento de despesas pelo devedor no §4º do art. 11, ao referir-se à impugnação da avaliação de bens objeto de constrição, feita pelo Oficial da Fazenda, sem, contudo, prever o custeio de outras despesas, o que serviria como desestímulo ao contribuinte inadimplente.

5.1.12 Previsão de cooperação entre os países membros de blocos econômicos

A execução administrativa na França dispõe de previsão para cooperação em âmbito do bloco econômico da União Europeia. É facultado à Administração requerer aos Estados-Membros da comunidade que prestem assistência no campo da cobrança de créditos tributários, mediante troca de informações e outros.

O sistema normativo de cobrança de créditos públicos brasileiro não prevê a possibilidade de cooperação entre os países adeptos de blocos econômicos em que o Brasil seja signatário, como o Mercosul, ou mesmo cooperação entre os próprios Entes Federados.

5.1.13 Instituição de Conselho e Código de Defesa do Contribuinte

Nos EUA, o poder do Fisco é harmonizado pelo Serviço de Advocacia do Contribuinte (*Taxpayer Advocate Service – TAS*), que analisa a conduta dos agentes fiscais, identifica abusos, problemas e ineficiências e encaminha relatório ao Congresso norte-americano, como também recebe reclamações de contribuintes.

Sugere-se a criação de um órgão estatal[300] encarregado de defender os direitos dos contribuintes, recebendo e investigando queixas e denúncias de abuso de poder ou de mau serviço por parte de funcionários da Administração Fiscal, bem como verificar a eficiência do

---

[300] BRASIL. Câmara dos Deputados. *Projeto de Lei nº 2.557/2011*. Institui o Código de Defesa do Contribuinte Brasileiro. Brasília: DF, 2011. Disponível em: https://www.camara.leg.br/proposicoesWeb/prop_mostrarintegra;jsessionid=6B679D242AD9BE1C28310A36D9743DC1.proposicoesWebExterno1?codteor=931511&filename=PL+2557/2011. Acesso em: 28 set. 2020.

sistema tributário, elaborando relatórios periódicos para os órgãos de controle, inclusive ao Congresso Nacional.

Em relação a esse tema, cabe mencionar que o Projeto de Lei nº 2.557/2011,[301] de autoria do deputado Laércio Oliveira, cria o Código de Defesa do Contribuinte e institui o Conselho Federal de Defesa do Contribuinte (Codecon), composto por representantes do Congresso Nacional, entidades de empresários, Ordem dos Advogados do Brasil, Conselho Federal de Contabilidade, Ministério da Fazenda, PGFN, Ministério da Justiça e Casa Civil.

As atribuições do Codecon seriam: planejar, elaborar, propor, coordenar e executar a política nacional de proteção ao contribuinte; receber, analisar e dar seguimento a reclamações, sugestões e consultas encaminhadas por contribuinte; prestar orientação, informar, conscientizar permanentemente o contribuinte sobre os seus direitos e garantias, sobre procedimentos para apuração de faltas contra o contribuinte.

5.1.14 Estabelecimento de metas de arrecadação

Por fim, recomenda-se também, a partir de exemplos bem-sucedidos no Direito Comparado, a criação de metas de arrecadação, que permitam a análise de desempenho da atividade de cobrança, fundamental para que sejam identificados os pontos de eficiência e ineficiência do procedimento de cobrança, permitindo seu permanente aperfeiçoamento.

A formulação de estratégias voltadas à eficiência dos executivos fiscais, com o estabelecimento de metas específicas não meramente quantitativas, como também qualitativas, seria especialmente relevante para a efetividade da cobrança fiscal.[302]

---

[301] BRASIL. Conselho Nacional de Justiça (CNJ). A execução fiscal no Brasil e o impacto no Judiciário. *CNJ*, jul. 2011. Disponível em: https://www.cnj.jus.br/wp-content/uploads/2011/02/2d53f36cdc1e27513af9868de9d072dd.pdf. Acesso em: 31 mar. 2020.

[302] CUNHA, Leonardo Carneiro da. *A Fazenda Pública em juízo*. 15. ed. Rio de Janeiro: Forense, 2018, p. 433.

5.2 Outros meios alternativos à judicialização para satisfação do crédito tributário

Segundo Meyer-Pflug e Baeta Neves,[303] cumpre registrar que os processos judiciais que tramitaram perante o Supremo Tribunal Federal, em matéria tributária, correspondem a 10,63% do total de todos os processos ali julgados, ou seja, é o segundo ramo do Direito que mais apresenta demandas, perdendo unicamente para o Direito Administrativo. Ainda segundo Nalini,[304] cobrar dívida ativa não é atribuição do Poder Judiciário. Portanto, o emprego de técnicas alternativas de resolução amistosa de conflitos entre o Fisco e o destinatário final da arrecadação da receita estatal poderá ser o recurso eficaz que a sociedade tanto almeja.[305]

É verdade que vem sendo reconhecida certa flexibilidade no procedimento da execução fiscal judicial, pois é possível que as partes, por meio de negócios jurídicos processuais (CPC, art. 190), alterem-no, a fim de ajustá-lo às peculiaridades do caso concreto.

Nesse sentido, o enunciado 9 do I Fórum Nacional do Poder Público – Brasília/DF alega que: "A cláusula geral de negócio processual é aplicável à execução fiscal". A Fazenda Pública, com o executado e o juiz da execução fiscal, pode estabelecer, com base no art. 191 do CPC, um calendário para a prática dos atos processuais. A propósito, o enunciado 10 do I Fórum Nacional do Poder Público – Brasília/DF declara que: "É possível a calendarização dos atos processuais em sede de execução fiscal e embargos".[306]

Entretanto, considerando o alto custo das cobranças coativas de créditos públicos, bem como o baixo índice de sua recuperabilidade, oportuno destacar os bem-sucedidos modos alternativos de recuperação

---

[303] MEYER-PFLUG, Samantha Ribeiro; NEVES, Mariana Barboza Baeta. Da necessidade de utilização de métodos alternativos ao litigio como solução de controvérsias entre a Administração Pública e os contribuintes sob o prisma jushumanista. *Revista do Instituto do Direito Brasileiro*, v. 1, p. 2243-2258, 2012.

[304] NALINI, José Renato. *A rebelião da toga*. 3. ed. rev., atual. e ampl. São Paulo: Revista dos Tribunais, 2015, p. 76.

[305] BRASIL. Supremo Tribunal de Justiça (STJ). Agravo Regimental: AgRg no AREsp 800895/RS Agravo regimental no agravo em Recurso Especial 2015/0264173-1, T2 – Segunda Turma, Rel. Min. Humberto Martins, julg. 17.12.2015, DJe, 05 fev. 2016. Disponível em: https://jurisprudencia.juristas.com.br/jurisprudencias/post/agrg-no-aresp-800895-rsa gravo-regimental-no-agravo-em-recurso-especial20150264173-1. Acesso em: 10 out. 2020.

[306] BAHIA. Lei nº 9.159, de 09 de julho de 2004. Disponível em: https://www.legisweb.com.br/legislacao/?id=120891#:~:text=%22.-,Art.,de%20pagamento%20do%20cr%C3%A9dito%20tribut%C3%A1rio. Acesso em: 28 set. 2020.

dos créditos públicos, a exemplo do protesto e transação, inclusão do executado em órgãos de proteção de crédito, indisponibilidade de bens, entre outros.

Limitada ao âmbito federal, a Lei nº 13.606/2018 acrescentou o art. 20-B à Lei nº 10.522/2002, permitindo que, não sendo pago o débito no prazo de 5 (cinco) dias, a Fazenda Pública poderá comunicar a inscrição em dívida ativa aos órgãos que operam bancos de dados e cadastros relativos a consumidores e aos serviços de proteção ao crédito e congêneres, bem como averbar, por meio eletrônico, inclusive, a CDA nos órgãos de registro de bens e direitos sujeitos a arresto ou penhora.

O inciso II do §3º do art. 20-B da Lei nº 10.522/2002 dispõe que a Fazenda Pública pode fazer a averbação da CDA nos órgãos de registro de bens e direitos sujeitos a arresto ou penhora, tornando-os indisponíveis.

Outra possibilidade que se descortina às Fazendas Públicas é o uso do protesto que se propõe a aumentar a efetividade da arrecadação, reduzindo a demanda no Poder Judiciário, além de propiciar a utilização de meio menos custoso para a Fazenda.

Trata-se de ato formal e solene pelo qual se prova a inadimplência e o descumprimento de obrigação. É regido pela Lei nº 9.492, de 10 de setembro de 1997, a qual inclui, entre os títulos sujeitos a protesto, as certidões de dívida ativa (parágrafo incluído no artigo 1º pela Lei nº 12.767/2012).[307] Neste último sentido, já se manifestou o Superior Tribunal de Justiça afirmando ser "possível a inclusão de débitos de natureza tributária inscritos em dívida ativa nos cadastros de proteção ao crédito, independentemente de sua cobrança mediante execução fiscal".[308]

Assim, uma das soluções alternativas encontradas foi o Protesto Extrajudicial, regulado pela Lei nº 9.492/97. Com base nesta lei, a União e diversos Estados editaram suas próprias normas com o intuito de regulamentar esse instrumento no tocante à cobrança extrajudicial dos

---

[307] Lei nº 9.492/97. Define competência, regulamenta os serviços concernentes ao protesto de títulos e outros documentos de dívida e dá outras providências. Art. 1º, parágrafo único. Incluem-se entre os títulos sujeitos a protesto as certidões de dívida ativa da União, dos Estados, do Distrito Federal, dos Municípios e das respectivas autarquias e fundações públicas. (Incluído pela Lei nº 12.767, de 2012).

[308] BRASIL. Supremo Tribunal de Justiça (STJ). Agravo Regimental: AgRg no AREsp 800895/RS Agravo regimental no agravo em Recurso Especial 2015/0264173-1, T2 – Segunda Turma, Rel. Min. Humberto Martins, julg. 17.12.2015, DJe, 05 fev. 2016. Disponível em: https://jurisprudencia.juristas.com.br/jurisprudencias/post/agrg-no-aresp-800895-rsa gravo-regimental-no-agravo-em-recurso-especial20150264173-1. Acesso em: 10 out. 2020.

créditos oriundos de suas dívidas ativas, como a Portaria nº 429/2014 da Procuradoria-Geral da Fazenda Nacional e as Leis Estaduais nº 9.159/2004, da Bahia,[309] e nº 19.971/2011, de Minas Gerais,[310] a título de exemplo.

Em âmbito federal, a Portaria PGFN nº 429/20146 estabelece em seu art. 1º que o protesto alcançará as CDAs, cujo valor consolidado seja inferior a R$50.000,00 (cinquenta mil reais). Em Minas Gerais, conforme lei já citada, esse limite é de 17.500 UFEMGS (que em 2014 equivaliam a R$46.168,50). Já na Bahia, de acordo com o art. 1º do Decreto Estadual nº 7.343/988, o limite é de 100 UPF/BA (equivalente em 2014 a R$3.971,00). Em Sergipe, o valor limite, fixado no art. 2º da Lei Estadual nº 7.795/149, é de 671 UFP/SE (R$21.458,58 em outubro de 2014).[311]

Vê-se, portanto, que cada Ente, de acordo com suas necessidades, tem definido um valor limite mínimo para o não ajuizamento de execução fiscal, a ser perseguido via protesto extrajudicial.

O art. 5º, §7º do PL nº 5.080/2009 autoriza expressamente o uso do protesto extrajudicial, ao estabelecer que o credor, após notificado da sua inscrição na dívida, se mantiver inerte, ou seja, não pagar o débito, não parcelar a dívida, nem prestar garantia, além de não indicar bens penhoráveis, poderá ter o seu débito levado a protesto extrajudicial pela Fazenda Pública.

Assim, diferentemente de como vem sendo adotado de forma preliminar pela Fazenda, a CDA só será levada a protesto extrajudicial, se não forem encontrados bens do devedor, independentemente do valor da dívida.

Entre 2013 e 2015, foram objeto de protesto 636.088 CDA, no valor de R$3,5 bilhões, com taxa de 18,3% de recuperação (R$646,5 milhões).

---

[309] BAHIA. Lei nº 9.159, de 09 de julho de 2004. Disponível em: https://www.legisweb.com.br/legislacao/?id=120891#:~:text=%22.-Art.,de%20pagamento%20do%20cr%C3%A9dito%20tribut%C3%A1rio. Acesso em: 28 set. 2020.

[310] MINAS GERAIS. Secretaria de Estado de Fazenda de Minas Gerais. *Lei nº 19.971*, de 27 de dezembro de 2011. Altera as Leis nºs 15.424, de 30 de dezembro de 2004, e 6.763, de 26 de dezembro de 1975, autoriza o não ajuizamento de execução fiscal, institui formas alternativas de cobrança e dá outras providências. Disponível em: http://www.fazenda. mg.gov.br/empresas/legislacao_tributaria/leis/2011/l19971_2011.html#:~:text=Altera%20as%20Leis%20n%C2%B0,cobran%C3%A7a%20e%20d%C3%A1%20outras%20provid%C3%AAncias. Acesso em: 28 set. 2020.

[311] SILVA, Jules Michelet Pereira Queiroz e. *Execução fiscal*: eficiência e experiência comparada. Disponível em: https://www2.camara.leg.br/atividade-legislativa/estudos-e-notas-tecnicas/publicacoes-da-consultoria-legislativa/areas-da-conle/tema20/2016_12023_execucao-fiscal-eficiencia-e-experiencia-comparada_jules-michelet. Acesso em: 16 abr. 2020.

A alta taxa de arrecadação por meio do protesto permite concluir que se trata de um potencial desperdiçado de cobrança.[312]

No Estado de Santa Catarina, nos dois primeiros anos de implantação do protesto das CDAs (2015 e 2016), o percentual de sucesso foi superior a 30%, demonstrando que a taxa de adimplemento é superior à das execuções fiscais.[313]

Também se recomenda a regulamentação da transação em matéria tributária, que já foi prevista no Código Tributário Nacional (art. 171 e 156, III do Código Tributário Nacional).[314]

A ideia, inspirada no modelo dos *installment agreements* e *OIC* norte-americanos, é assegurar ao Fisco a possibilidade de arrecadar o máximo possível, considerando as particularidades do contribuinte, em um período razoável.

Há proposta legislativa em tramitação no Congresso Nacional (PL nº 5.082/2009), apresentada pelo Poder Executivo, regulamentando a transação em matéria tributária, incentivando a ampla utilização do acordo prévio diretamente com os devedores fiscais.

O relatório do CNJ reproduzido no capítulo 1º deste trabalho também ressalta o avanço das sentenças homologatórias de acordo, frutos do incentivo de instrumentos, como a conciliação.

Os dados apresentados pela PGF dão conta de que 65% dos créditos parcelados são cumpridos. A experiência americana também demonstra a viabilidade de investimento em tal meio alternativo de recuperabilidade de créditos públicos.

A discussão em torno do fortalecimento de institutos como a arbitragem e/ou a conciliação poderia estar incluída na pauta de debates sobre a matéria.

Ainda, cabe mencionar a possibilidade de estudos para implementação na execução fiscal de medidas executivas atípicas, analogamente à previsão do artigo 139, IV, do CPC, dispositivo que trata da cláusula geral de efetivação ou de atipicidade de medidas executivas,

---

[312] NALINI, José Renato. O judiciário, a eficiência e os *Alternative Dispute Resolution* (ADR). *Revista Direito e Liberdade*, Natal, v. 20, n. 1, p. 55-66, jan./abr. 2018.

[313] OLIVEIRA, Weber Luiz. Execução fiscal administrativa. Disponível em: https://empo riododireito.com.br/leitura/execucao-fiscal-administrativa-por-weber-luiz-de-oliveira. Acesso em: 28 set. 2020.

[314] Art. 171 do CTN: A lei pode facultar, nas condições que estabeleça, aos sujeitos ativo e passivo da obrigação tributária celebrar transação que, mediante concessões mútuas, importe em determinação de litígio e consequente extinção de crédito tributário. Art. 156, III do CTN: Extinguem o crédito tributário: a transação.

que permite ao juiz "determinar todas as medidas indutivas, coercitivas, mandamentais ou sub-rogatórias necessárias para assegurar o cumprimento de ordem judicial, inclusive nas ações que tenham por objeto prestação pecuniária", incluindo a possibilidade de que, esgotados outros meios, possam ser determinadas "sanções executivas" hábeis à efetivação de obrigações mediante suspensão da autorização de dirigir do devedor, proibição de viajar, retenção de passaporte, proibição de participar em concursos públicos e licitações, entre outras.

Oportuno salientar a importância de se criar programas que fomentem o estímulo da cidadania fiscal, tal qual praticado na França e EUA. Invertendo o paradigma atual de que a cobrança de tributo é prática odiosa, para considerá-la como exercício de cidadania, inerente ao sentimento de pertencimento a uma determinada comunidade, comprometido coletivamente com a realização dos objetivos eleitos como fundamentais, dos quais cada cidadão é, ao mesmo tempo, titular e corresponsável.

Há ainda, segundo José Renato Nalini,[315] outros meios relevantes alternativos de resolução dos conflitos, conhecidas pela sigla ADR,[316] embora não específicos para a execução fiscal.

Esses meios proliferam nos Estados Unidos, reconhecidos por seu pragmatismo, em que se investiu no uso de alternativas ao litígio tradicional em tribunais para resolver as disputas de maneira mais eficiente e econômica, com riscos menores e melhores resultados.

Na experiência americana, várias formas híbridas já foram provadas. Mencionem-se a arbitragem alta-baixa, a arbitragem *baseball*, a descoberta dos fatos, a comediação, o julgamento sumário por tribunal, o minijulgamento, os júris simulados, os mestres especiais, a avaliação neutra preliminar e os painéis de peritos.

Os processos híbridos são interessantes e estimulam a criatividade, tão criticada no ordenamento jurídico. Nada impede o aproveitamento de parcelas úteis de cada instrumento de resolução de conflitos para constituir uma forma eclética, tão apreciada pelo brasileiro,[317] talvez formatos que possam ser adaptados e aplicados nos executivos fiscais, num futuro próximo.

---

[315] NALINI, José Renato. O judiciário, a eficiência e os *Alternative Dispute Resolution* (ADR). *Revista Direito e Liberdade*, Natal, v. 20, n. 1, p. 55-66, jan./abr. 2018.

[316] Da expressão em língua inglesa: *Alternative Dispute Resolution*. ADR é sigla de "Alternative Dispute Resolution". Já se utiliza também no Brasil a sigla MASC – Métodos Adequados de Solução de Conflitos.

[317] COOLEY, J.W. *Advocacia na mediação*. Brasília: Ed. UnB, 2001, p. 229.

Nem todos os métodos de comprovada eficácia no Direito Comparado podem ser utilizados no Brasil. Todavia, a criatividade brasileira é muito maior; se houver vontade, esse espírito de criação de novas alternativas de pacificação produzirá milagres. O essencial é desarmar-se, com abandono da blindagem do formalismo estéril, mais ousadia saudável. Compreender que as questões humanas não são insolúveis, desde que haja mútuo interesse em alcançar o ponto de equilíbrio.[318]

Ainda segundo Nalini, ao referir-se à função de coletor de tributos do Poder Judiciário:

> Uma alteração legislativa seria suficiente para transformar esse atuar judicial num procedimento de cobrança extrajudicial, com submissão ao Judiciário apenas de embargos. Não se justifica o equipamento criado para um Setor de execuções fiscais que poderia mesmo vir a ser terceirizado, ganhando em eficiência e racionalidade. Todo equipamento estatal – e o judicial, mais do que os outros – é defasado, não acompanha a iniciativa privada e gera dispêndio inadmissível na empresa particular. Cada execução fiscal custa mais de mil reais para o povo. E há milhões de execuções fiscais de valor inferior ao seu custo de tramitação. Essa prática nefasta chega a ser opção ilícita, tal o disparate de se conservar um sistema defasado e ineficiente de cobrança de dívidas estatais.[319]

Como se vê, a sugestão de um modelo de execução para o Brasil que tenha viés parcialmente administrativo não é concepção isolada, autoritária ou mal elaborada. Decorre da ineficiência do modelo existente no Brasil, é alternativa viável para a concepção paralisante da teoria do mais do mesmo, que pode ser associada a mecanismos inovadores e meios alternativos de cobrança do crédito.

---

[318] NALINI, José Renato. O judiciário, a eficiência e os *Alternative Dispute Resolution* (ADR). *Revista Direito e Liberdade*, Natal, v. 20, n. 1, p. 55-66, jan./abr. 2018.
[319] NALINI, José Renato. *A rebelião da toga*. 3. ed. rev., atual. e ampl. São Paulo: Revista dos Tribunais, 2015, p.184.

CONCLUSÃO

Ao longo dos quarenta anos de promulgação da atual Lei de Execuções Fiscais, constatou-se que a tramitação do processo de execução fiscal no Brasil continua sendo lenta, custosa e ineficiente, gerando consequências nefastas para a população, pois os tributos são essenciais para a própria existência do Estado, que deles não pode se abster para a consecução dos seus escopos constitucionais.

As alterações na sistemática da execução dos créditos públicos é assunto de grande importância para a sociedade atual. Vive-se em um Estado de Bem-Estar Social e, para que se possa prestar os serviços essenciais à comunidade, é fundamental que sejam recolhidos com eficiência as receitas públicas.

Desse modo, a implantação de um modelo de cobrança célere e eficaz contribuiria, expressivamente, para o melhoramento da qualidade de vida da população brasileira, na medida em que as verbas públicas para investimento seriam efetivamente arrecadadas.

Esta pesquisa, portanto, teve como objetivo promover uma reflexão sobre os conceitos, estatísticas, procedimentos e finalidades no contexto da execução fiscal, com intuito de buscar novos paradigmas para o procedimento de cobrança dos créditos inscritos em dívida ativa no Brasil, em razão do cenário de absoluto colapso, retratado pelos resultados exibidos nas estatísticas anuais do Conselho Nacional de Justiça.

A partir deste estudo, identificados os elementos que subsidiam alterações normativas, orientadoras de sistema de execução fiscal alternativo ao modelo vigente, foram analisados alguns modelos de execuções fiscais, praticados na via administrativa, no Direito Comparado e as possibilidades de adoção de mecanismos processuais inovadores que superem os principais gargalos do atual processo de execução fiscal brasileiro.

A comparação com outros países é um indicativo de que o atual sistema de execuções fiscais precisa ser, de fato, mais eficiente. Um aspecto a ser considerado na comparação internacional é ausência de exemplos de sucesso de um modelo de execução fiscal puramente judicial, como é o caso do modelo praticado no Brasil.

No Direito Comparado, predomina a concepção de credor especial do Estado, razão pela qual se entende que o Estado não precisaria de intermediação judicial para cobrança de seus créditos.

Destacam-se alguns modelos nos quais a cultura da cidadania fiscal, somada à alta eficiência da cobrança coativa ou efetivada por meios alternativos, mitiga de forma elevada a sonegação.

Em regra quase absoluta, atribui-se aos agentes fiscais um amplo conjunto de prerrogativas que instrumentalizam e fomentam a cobrança do crédito tributário, muito distante do limitado modelo vigente no Brasil.

Da comparação dos diferentes modelos de execução fiscal estudados, foi possível extrair-se uma série de sugestões ao projeto de lei que pretende reformar o modelo executivo brasileiro, considerando as particularidades culturais, econômicas e jurídicas de cada país.

A partir desse propósito, foram analisadas as principais alterações propostas pelo mais recente projeto de lei em tramitação no Congresso Nacional, que pretende implantar a execução fiscal administrativa no Brasil (PL nº 5.080/2009), ressaltando aspectos que possam configurar significativo avanço no procedimento de cobrança dos créditos públicos brasileiros, bem como pontos que, embora relevantes, foram omitidos no mesmo projeto.

Também foram analisadas as principais razões e contrarrazões apresentadas no cenário jurídico e político à aprovação do PL nº 5.080/2009. Restou demonstrado que a evolução do Direito tem seguido uma tendência ao acolhimento de modelos de desjudicialização, permitindo o deslocamento ao setor privado de atividades, até então, confiadas apenas à jurisdição estatal.

Em especial, a Administração Pública não necessita da tutela jurisdicional para executar suas atribuições legais, uma vez que goza de autonomia, razão pela qual pode utilizar seus próprios meios coercitivos para afastar eventual resistência, salvo quando a legislação estabelece a necessidade de ordem judicial específica, como o ingresso em domicílio, por exemplo.

CONCLUSÃO | 153

Desse modo, a execução fiscal administrativa do crédito da Fazenda Pública seria juridicamente possível na força dos atributos dos atos administrativos, que se revestem da presunção de legitimidade, decorrente do princípio da legalidade da Administração, da imperatividade de seu cumprimento coercitivo e da autoexecutoriedade, consistente na possibilidade de esses atos serem imediata e diretamente executados pela própria Administração, no uso de sua supremacia de Poder Público, independentemente de ordem judicial.

Há atos administrativos bem mais invasivos do que a execução fiscal administrativa, como a desapropriação, entretanto não são confrontados em razão da tradição de se considerar aqueles atos válidos e, portanto, aceitáveis.

A vinculação da atuação da Administração Pública à observância dos princípios constitucionais da legalidade, impessoalidade, eficiência, moralidade e publicidade, a partir da Constituição de 1988, conferiu confiabilidade e transparência aos atos administrativos, sujeitos aos sistemas de fiscalização e autocontrole da Administração Pública.

Assim, a segurança jurídica que o Poder Judiciário disponibiliza no âmbito da cobrança dos créditos públicos pode ser alcançada, em igual medida, por meio da execução administrativa, uma vez que seus agentes encontram-se subordinados a um sistema de autocontrole estruturado.

Concluiu-se que não há, na Constituição Federal, qualquer impedimento à realização de atos procedimentais de expropriação patrimonial pela própria Administração Pública. A atribuição dessa competência ao Poder Judiciário é decorrência da tradição administrativista e processual vigente no Brasil, representando apenas a escolha política efetuada pelo legislador pátrio, em determinado momento.

Observa-se que o projeto de criação da execução fiscal administrativa analisado não priva o devedor do Fisco de acessar o Poder Judiciário, para o exercício da defesa de seus direitos, evitando eventuais abusos por parte da Fazenda Pública. Portanto, os meios de defesa judicial continuam plenamente preservados, não havendo ofensa ao princípio da inafastabilidade do Poder Judiciário.

Na essência, os atos praticados no processo de execução fiscal são materiais, destituídos de carga decisória, logo prescindem de atuação jurisdicional direta do Poder Judiciário.

Conforme visto em capítulo próprio, a execução fiscal administrativa é regra quase que absoluta, nos países desenvolvidos, com democracias reconhecidamente consolidadas.

Diante desse contexto, as funções tradicionais, incluindo a judiciária, precisam ser repensadas. Se a sociedade globalizada está em constante evolução, se as instituições se transformam, surgindo novas necessidades, por consequência, também devem surgir novas propostas, novos instrumentos e procedimentos mais pragmáticos, mais comprometidos com a eficiência, num ininterrupto movimento de reciclagem, o que exige da comunidade jurídica abertura para analisar propostas, despida de preconceitos.

Conclui-se que é necessária a adoção de um novo paradigma para a execução fiscal brasileira, partindo da perspectiva e do comando constitucional da eficiência, como elemento norteador. Paradigma fundamentado juridicamente na supremacia do interesse público, nas prerrogativas da Fazenda Pública, nos atributos do ato administrativo, evitando-se o tão pernicioso "garantismo" do devedor, que tem inspirado e permeado a atividade dos três Poderes da República.

No novo paradigma, o procedimento da execução fiscal deve ter como principal objetivo a satisfação do crédito tributário inadimplido, fundamentado juridicamente no princípio constitucional da eficiência e na interpretação econômica do Direito.

O processo de execução não pode continuar sendo um instrumento de favorecimento do devedor inadimplente. A reforma legislativa não pode comprometer os princípios e as garantias constitucionalmente assegurados, mas deve criar mecanismos para efetivar a satisfação do crédito tributário. Não há dúvida de que o atual sistema serve muito mais ao devedor inadimplente do que ao interesse público, o que precisa ser corrigido.

O desafio proposto é de que o novo paradigma de execução fiscal possa, simultaneamente, representar segurança para o administrado e eficiência para o Fisco, na cobrança de sua dívida ativa.

Concluiu-se, portanto, ao longo do trabalho, que a implementação da execução fiscal administrativa se caracteriza como importante alternativa para o problema do congestionamento do Poder Judiciário e da busca pela eficiência na arrecadação dos créditos públicos, tão imprescindíveis à satisfação das atribuições estatais.

Nesse contexto, a execução fiscal administrativa mostra-se como mecanismo possível à concretização do princípio da eficiência, na medida em que desobstrui o Poder Judiciário, ao passo que também pode caracterizar uma execução fiscal eficiente, sob o crivo da arrecadação de receitas públicas.

No intuito propositivo, foram apresentadas sugestões de alterações ao próprio PL nº 5.080/2009, a partir da introdução de mecanismos processuais inovadores, inspirados no Direito Comparado, a fim de que a execução fiscal administrativa não seja mero repasse de problemas do Poder Judiciário para o Executivo.

Também foram descritos, ainda que sumariamente, outras possibilidades de satisfação do crédito público, alternativos à judicialização, como protesto, transação, negativação do nome do devedor nos órgãos de proteção ao crédito, conciliação, arbitragem, além da possibilidade de um catálogo aberto de composições ecléticas, entre outros meios alternativos de solução de controvérsias, inspirados na criatividade típica dos brasileiros, se o anseio pela eficiência superar os velhos e paralisantes ranços do "mais do mesmo".

REFERÊNCIAS

ANDRADE, Gustavo Bezerra Muniz de. Evolução histórica da execução fiscal no ordenamento jurídico brasileiro. *Conteúdo Jurídico*, 07 dez. 2015. Brasília: DF. Disponível em: https://conteudojuridico.com.br/consulta/Artigos/45635/evolucao-historica-da-execucao-fiscal-no-ordenamento-juridico-brasileiro. Acesso em: 09 set. 2020.

ASSIS, Araken de. *Manual da execução*. 13. ed. São Paulo: Revista dos Tribunais, 2010.

ÁVILA, Humberto. Moralidade, razoabilidade e eficiência. *Revista Eletrônica de Direito do Estado*, Salvador, n. 4, p. 1-25, out./dez. 2005. Disponível em: www.direitodoestado.com.br/codrevista.asp?cod=67. Acesso em: 19 out. 2020.

BAHIA. Lei nº 9.159, de 09 de julho de 2004. LEGISWEB, 2004. Disponível em: https://www.legisweb.com.br/legislacao/?id=120891#:~:text=%22.-Art.,de%20pagamento%20do%20cr%C3%A9dito%20tribut%C3%A1rio. Acesso em: 28 set. 2020.

BANDEIRA DE MELLO, Celso Antônio. *Conteúdo jurídico do princípio da igualdade*. 3. ed. São Paulo: Malheiros, 2002.

BARRANCO AVILÉS, Maria del Carmen. *La teoria jurídica de los derechos fundamentales*. Madrid: Dykinson, 2000.

BARROS, Humberto Gomes de. Execução fiscal administrativa. *Revista CEJ*, Brasília, ano XI, n. 39, out./dez. 2007.

BATISTA JÚNIOR, Onofre Alves. *O princípio constitucional da eficiência administrativa*. 2. ed. Belo Horizonte: Fórum, 2012.

BIDART CAMPOS, German J. *Tratado elemental de derecho constitucional argentino*. Buenos Aires: Ediar, 1986.

BOBBIO, Norberto. *Estado, governo, sociedade*: para uma teoria geral da política. Tradução de Marco Aurélio Nogueira.3. ed. Rio de Janeiro: Paz e Terra, 1987.

BORRAS, Phiplipe; GARAY, Alain. *Le Contentieux du Recouvrement Fiscal*. Paris: Librairie Générale de Droit et de Jurisprudence, 1994.

BORTOLI, Adriano de. Garantismo jurídico, estado constitucional de direito e administração pública. Disponível em: http://www.publicadireito.com.br/conpedi/manaus/arquivos/anais/bh/adriano_de_bortoli.pdf. Acesso em: 25 set. 2020.

BRANCO, Mariana. Dívida ativa da União supera arrecadação e tem cobrança lenta. Brasília: *Agência Brasil*, 14 mar. 2016. Disponível em: http://agenciabrasil.ebc.com.br/economia/noticia/2016-03/dom-ou-seg-divida-ativa-da-uniao-impressiona. Acesso em: 19 out. 2020.

BRASIL. Câmara dos Deputados. *Projeto de Lei nº 2.557/2011*. Institui o Código de Defesa do Contribuinte Brasileiro. Brasília: DF, 2011. Disponível em: https://www.camara.leg. br/proposicoesWeb/prop_mostrarintegra;jsessionid=6B679D242AD9BE1C28310A36D 9743DC1.proposicoesWebExterno1?codteor=931511&filename=PL+2557/2011. Acesso em: 28 set. 2020.

BRASIL. Câmara dos Deputados. *Projeto de Lei nº 5.080/2009*. Brasília: DF, 2009. Disponível em: https://www.camara.leg.br/proposicoesWeb/prop_mostrarintegra;jsessionid=A2BE 04AB0F0DEF68D33ADE2E9152E89A.proposicoesWebExterno1?codteor=648721&filena me=PL+5080/2009. Acesso em: 12 jan. 2020.

BRASIL. Conselho Nacional de Justiça (CNJ). A execução fiscal no Brasil e o impacto no Judiciário. jul. 2011. Disponível em: https://www.cnj.jus.br/wp-content/uploads/2011/0 2/2d53f36cdc1e27513af9868de9d072dd.pdf. Acesso em: 31 mar. 2020.

BRASIL. Conselho Nacional de Justiça (CNJ). Justiça em números 2020: ano-base 2019. Brasília, 2020. Disponível em: https://www.cnj.jus.br/wp-content/uploads/2020/08/WEB-V3-Justi%C3%A7a-em-N%C3%BAmeros-2020-atualizado-em-25-08-2020.pdf. Acesso em: 12 set. 2020.

BRASIL. Instituto de Pesquisa Econômica Aplicada (IPEA). Comunicados do Ipea 127: custo e tempo do processo de execução fiscal promovido pela Procuradoria Geral da Fazenda Nacional (PGFN). Brasília: IPEA, 2011. Disponível em: www.ipea.gov.br/ portal/images/stories/PDFs/comunicado/120103_comunicadoipea127.pdf. Acesso em: 04 set. 2020.

BRASIL. Instituto de Pesquisa Econômica Aplicada (IPEA). Comunicados do Ipea 83: custo Unitário do Processo de Execução Fiscal na Justiça Federal. Brasília: IPEA, 2011. Disponível em: www.ipea.gov.br/portal/images/stories/PDFs/comunicado/110331_ comunicadoipea83.pdf. Acesso em: 04 set. 2020.

BRASIL. Instituto de Pesquisa Econômica Aplicada (IPEA). Custo unitário do processo de execução fiscal da União. Brasília: IPEA, 2011. Disponível em: http://repositorio.ipea. gov.br/bitstream/11058/7862/1/RP_Custo_2012.pdf. Acesso em: 12 ago. 2020.

BRASIL. *Lei nº 13.105, de 16 de março de 2015*. Código de Processo Civil. Disponível em: www.planalto.gov.br/ccivil_03/_ato2015-2018/2015/lei/l13105.htm. Acesso em: 29 set. 2018.

BRASIL. Ministério da Fazenda. Portaria nº 75 MF, de 22.03.2012 (*DOU*, 26 mar. 2012) – c/Republicação no Diário Oficial de 29.03.2012, Portaria fixa limites para inscrição de débitos na Dívida Ativa da União. Brasília: MF, 2012. Disponível em: http://normas. receita.fazenda.gov.br/sijut2consulta/link.action?idAto=37631. Acesso em: 28 set. 2020.

BRASIL. Plano Diretor da Reforma do Aparelho do Estado. *Câmara da Reforma do Estado*, Brasília, 1995. Disponível em: http://bresserpereira.org.br/_wp/wp-content/ uploads/2018/05/planodiretor.pdf. Acesso em: 12 out. 2020.

BRASIL. Portaria PGFN nº 396, de 20 de abril de 2016. *DOU*, 22 abr. 2016. Regulamenta, no âmbito da Procuradoria-Geral da Fazenda Nacional, o Regime Diferenciado de Cobrança de Créditos – RDCC. LEGISWEB, 2016. Disponível em: https://www.legisweb.com.br/ legislacao/?id=378110 Acesso em: 28 set. 2020.

BRASIL. Supremo Tribunal de Justiça (STJ). AgRg no AREsp 800895/RS. Agravo Regimental no agravo em Recurso Especial 2015/0264173-1, Rel. Min. Humberto Martins, Órgão Julgador: T2, Segunda Turma, julg. 17.12.2015, DJe, 05 fev. 2016. Disponível em: https://jurisprudencia.juristas.com.br/jurisprudencias/post/agrg-no-aresp-800895-rsagravo-regimental-no-agravo-em-recurso-especial20150264173-1. Acesso em: 10 out. 2020.

BRASIL. Supremo Tribunal de Justiça (STJ). Recurso Especial: REsp 1.121.719/SP 2009, Rel. Min. Raul Araújo, Órgão Julgador: T4, Quarta Turma, julg. 15.03.2011, DJe, 27 abr. 2011. Disponível em: https://stj.jusbrasil.com.br/jurisprudencia/19114368/recurso-especial-resp-1121719-sp-2009-0118871-9/inteiro-teor-19114369. Acesso em: 20 set. 2020.

BRASIL. Supremo Tribunal de Justiça (STJ). Súmula 392. A Fazenda Pública pode substituir a certidão de dívida ativa (CDA) até a prolação da sentença de embargos, quando se tratar de correção de erro material ou formal, vedada a modificação do sujeito passivo da execução. Súmula 392, Primeira Seção, julg. 23.09.2009, DJe, 07 out. 2009. Disponível em: https://scon.stj.jus.br/SCON/sumanot/toc.jsp. Acesso em: 12 set. 2020.

BRASIL. Supremo Tribunal Federal (STF). Sentença Estrangeira: SE – Agr. 5.206-7, Tribunal Pleno, Rel. Min. Sepúlveda Pertence, julg. 12.12.2001, DJ, 30 abr. 2004. Disponível em: https://stf.jusbrasil.com.br/jurisprudencia/775697/agregna-sentence-estrangeira-se-agr-5206-ep. Acesso em: 07 out. 2020.

BRAVO LIRA, Bernadino. *Derecho comum y derecho próprio en el nuevo mundo*. Santiago: Jurídica de Chile, 1989.

CALIENDO, Paulo. *Direito tributário e análise econômica do direito*: uma visão crítica. Rio de Janeiro: Elsevier, 2009.

CAMPELLO, André Emmanuel Batista Barreto; FERNANDES, Helga Letícia da Silva. Execução Fiscal: um colapso de um sistema. *Quanto Custa o Brasil?*. Disponível em: http://www.quantocustaobrasil.com.br/artigos-pdf/execucao-fiscal-o-colapso-de-um-sistema.pdf. Acesso em: 31 mar. 2020.

CANTOARIO, Diego Martinez Fervenza. Considerações sobre o Projeto de Lei 5.080/2009: a nova lei de execução fiscal. *Revista Tributária e de Finanças Públicas*, v. 91, p. 11-42, mar./abr. 2010.

CARDOZO, José Eduardo Martins. Princípios constitucionais da Administração Pública (de acordo com a Emenda Constitucional nº 19/98). *In*: MORAES, Alexandre de. *Os 10 anos da Constituição Federal*. São Paulo: Atlas, 1999.

CARVALHO, Fábio Lins de Lessa. A eficiência da Administração Pública e a efetivação dos direitos fundamentais. *In*: CARVALHO, Fábio Lins de Lessa (Coord.). *Direito administrativo inovador*. Curitiba: Juruá, 2015.

CARVALHO, Paulo de Barros. A prova no procedimento administrativo tributário. *Revista Dialética de Direito Tributário*, São Paulo, n. 34, 1998.

CARVALHO FILHO, José dos Santos. *Manual de direito administrativo*. 21. ed. Rio de Janeiro: Lúmen Juris, 2009.

CASIELLO, Juan. *Derecho constitucional argentino*. Buenos Aires: Perrot, 1954.

CASTRO, Augusto Olympio Viveiros de. *História tributária do Brasil*. Brasília: ESAF, 1989.

CASTRO, Rodrigo Pironti Aguirre de. Sistema de controle interno: perspectiva gerencial e o princípio da eficiência. *Revista de Direito Administrativo e Constitucional*, Belo Horizonte, ano 7, n. 30, p. 63-72, out./dez. 2007. Disponível em: www.revistaaec.com/index.php/revistaaec/article/viewFile/635/462. Acesso em: 30 out. 2020.

CENTRO INTERAMERICANO DE ADMINISTRAÇÕES TRIBUTÁRIAS. *Modelo de Código Tributario del CIAT*: un enfoque basado en la experiencia iberoamericana. Cidade do Panamá, 2015.

CHIAVENATO, Idalberto. *Introdução à teoria geral da administração*. 4. ed. São Paulo: MacGraw-Hill, 1979.

CHUCRI, Augusto Newton et al. *Execução fiscal aplicada*: análise pragmática do processo de execução fiscal. 7. ed. Salvador: Juspodivm, 2018.

CINTRA, Antônio Carlos de Araújo; GRINOVER, Ada Pellegrini; DINAMARCO, Cândido Rangel. *Teoria geral do processo*. 21. ed. São Paulo: Malheiros, 2005.

COLLET, Martin. *Droit fiscal*. Paris: Presses Universitaries de France, 2013.

CONRADO, Paulo Cesar. *Execução fiscal*. 2. ed. São Paulo: Malheiros, 2015.

COOLEY, J. W. *Advocacia na mediação*. Brasília: UnB, 2001.

CORDEIRO, Carla Priscilla Barbosa Santos. O princípio da eficiência administrativa. *In*: CARVALHO, Fábio Lins de Lessa (Coord.). *Direito administrativo inovador*. Curitiba: Juruá, 2015.

CORREIA, Sérvulo. *Direito do contencioso administrativo*. Lisboa: Lex, 2005.

COUTO, Mônica Bonetti; MEYER-PFLUG, Samantha Ribeiro. Poder Judiciário, justiça e eficiência: caminhos e descaminhos rumo à justiça efetiva. *Revista de Doutrina da 4ª Região*, Porto Alegre, n. 63, dez. 2014. Disponível em: https://www.revistadoutrina.trf4.jus.br/artigos/edicao063/MonicaCouto_SamanthaMeyerPflug.html. Acesso em: 15 out. 2020.

CUNHA, Leonardo Carneiro da. *A fazenda pública em juízo*. 15. ed. Rio de Janeiro: Forense, 2018.

DANTAS, Bruno. *Teoria dos recursos repetitivos*: tutela pluri-individual nos recursos dirigidos ao STF e STJ (art.543-B e 543-C do CPC). São Paulo: Revista dos Tribunais, 2015.

DI PIETRO, Maria Sylvia Zanella. *Discricionariedade administrativa na Constituição de 1988*. São Paulo: Atlas, 1991.

DIDIER JR., Fredie. *Curso de direito processual civil*: execução. 4. ed., v. 5. Salvador: JusPodivm, 2012.

DÍEZ-PICAZO, Luiz Maria. *Sistema de derechos fundamentales*. Madrid: Civitas, 2003.

DINAMARCO, Cândido Rangel. *Fundamentos do processo civil moderno*. 3. ed. T. I, n. 78. São Paulo: Malheiros, 2000.

FARIA, Ana Paula Andrade Borges de. *A consultoria jurídica como instrumento de controle dos atos do poder público*. Caderno de Teses do XXVIII do Congresso Nacional dos Procuradores do Estado: ética e estado de justiça – novas dimensões, v. 1. Porto Alegre: Metrópole indústria gráfica, 2002.

FRANÇA. *Orçamento geral da República*. Rapports annuels de performances 2014. Paris: Orçamento Geral, 2014.

FRANCO, Caio César Amaral. Execução fiscal nos Estados Unidos da América: uma abordagem comparativa com o direito brasileiro. *Revista do Mestrado em Direito da Universidade Católica de Brasília*, Brasília, v. 13, n. 1, p. 178-193, jan./jun. 2019. Disponível em: https://portalrevistas.ucb.br/index.php/rvmd/article/view/10062. Acesso em: 15 out. 2020.

GODOY, Arnaldo Sampaio de Moraes. *A execução fiscal administrativa no direito tributário comparado*. Belo Horizonte: Fórum, 2009.

GODOY, Arnaldo Sampaio de Moraes. Direito comparado: Cortes tributárias e execução fiscal no direito norte-americano. *Revista Jus Navigandi*, Teresina, ano 12, n. 1521, 31 ago. 2007. Disponível em: https://jus.com.br/artigos/10343. Acesso em: 14 set. 2020.

GODOY, Arnaldo Sampaio de Moraes. Execução fiscal administrativa nos EUA intimida. *Revista Consultor Jurídico*, 26 maio 2010. Disponível em: https://www.conjur.com.br/2010-mai-26/execucao-fiscal-administrativa-eua-intimida-sumaria#:~:text=A%20execu%C3%A7%C3%A3o%20fiscal%20nos%20Estados,conflitos%20de%20interesse%20entre%20credores. Acesso em: 14 set. 2020.

GODOY, Arnaldo Sampaio de Moraes. Penhora fiscal na França não inibe defesa de devedor. *Revista Consultor Jurídico*, 19 maio 2010. Disponível em: https://www.conjur.com.br/2010-mai-19/penhora-fisco-frances-nao-impede-defesa-contribuintes. Acesso em: 13 set. 2020.

GODOY, José Eduardo Pimentel de; MEDEIROS, Tarcízio Dinoá. *Tributos, obrigações e penalidades pecuniárias de Portugal antigo*. Brasília: ESAF, 1983.

GOMES, Ricardo Anderson. Perspectivas para a cobrança de créditos tributários no ordenamento jurídico brasileiro. *Revista de Direito Tributário Contemporâneo*, São Paulo, v. 2, n. 8, p. 139-164, set./out. 2017.

GONÇALVES, Marcelo Barbi. Execução Fiscal: um retrato da inoperância, o (bom) exemplo português e as alternativas viáveis. *Revista de Processo*, v. 247, p. 451-471, set. 2015.

GONZALEZ CALDERÓN, Juan A. *Derecho constitucional argentino*. T. II. Buenos Aires: Libreria Nacional, 1931.

GRECO, Leonardo. Garantias fundamentais do processo: o processo justo. *Novos Estudos Jurídicos*, ano VII, n. 14, p. 9-68, abr. 2002. Disponível em: https://siaiap32.univali.br/seer/index.php/nej/article/view/1/2. Acesso em: 10 out. 2020.

GRINOVER, Ada Pellegrini. *Deformalização do processo e deformalização das controvérsias*: novas tendências do direito processual. 2. ed. Rio de Janeiro: Forense, 1990.

HARADA, Kiyoshi. A penhora administrativa como pré-requisito da execução fiscal. *Revista Jus Navigandi*, Teresina, ano 12, n. 1620, 8 dez. 2007. Disponível em: https://jus.com.br/artigos/10729/a-penhora-administrativa-como-pre-requisito-da-execucao-fiscal. Acesso em: 14 out. 2020.

HOFFMANN, P. *Razoável duração do processo*. São Paulo: Quartier Latin, 2006.

JANARY JÚNIOR. Fisco poderá penhorar bens de devedor sem autorização judicial. *Agência Câmara de Notícias*, 04 jan. 2010. Disponível em: https://www.camara.leg.br/noticias/137771-fisco-podera-penhorar-bens-de-devedor-sem-autorizacao-judicial/. Acesso em: 12 out. 2020.

KAFKA, Gerald A.; CAVANAGH, Rita A. *Litigation of federal civil tax controversies*. Boston: Warren, Gorhan & Lamont, 1997.

KOSSMANN, Edson Luís. *A constitucionalização do princípio da eficiência na Administração Pública*. Porto Alegre: Sergio Antonio Fabris Editor, 2015.

LEDERMAN, Leandra; MAZZA, Stephen. *Tax Controversies*: Practice and Procedure. New York: Lexis Pub., 2000.

LENZA, Pedro. *Direito constitucional esquematizado*. 14. ed. São Paulo: Saraiva, 2010.

LEVENE, Ricardo. *Manual de historia del derecho argentino*. Buneos Aires: Depalma, 1985.

LOPES, João Batista. Contraditório e abuso do direito de defesa na execução. *In*: FUX, Luiz; NERY JUNIOR, Nelson; WAMBIER, Teresa Arruda Alvim (Org.). *Processo e constituição*. São Paulo: Revista dos Tribunais, 2006.

LUCK, Alan Saldanha. As prerrogativas da Fazenda Pública em face do princípio da isonomia processual. *Revista de Direito*, v. 25. Procuradoria-Geral do Estado de Goiás: Goiânia, 2010.

MACHADO, Hugo de Brito. *Curso de direito tributário*. 27. ed. São Paulo: Malheiros, 2006.

MACHADO, Hugo de Brito. Execução fiscal administrativa: sínteses dos argumentos utilizados na defesa do anteprojeto e da correspondente refutação *apud* MELO, Carlos Francisco Lopes. Execução fiscal administrativa à luz da Constituição Federal. *Revista da AGU*, v. 11, n. 31, p. 110-142, jan./mar. 2012. Disponível em: https://pdfs.semanticscholar.org/1e78/e2eedc172e302ec88bdcafe0974500f25e2f.pdf. Acesso em: 06 out. 2020.

MARINS, James. *Direito processual tributário (administrativo e judicial)*. 4. ed. São Paulo: Dialética, 2005.

MARTINS, Ives Gandra da Silva (Coord.). *Execução Fiscal*. São Paulo: Revista dos Tribunais e Centro de Extensão Universitária, 2008. (Pesquisas Tributárias, Nova Série – 14).

MEDEIROS NETO, Elias Marques de; RIBEIRO, Flavia Pereira. *Reflexões sobre a desjudicialização da execução civil*. Curitiba: Juruá, 2020.

MELDMAN, Robert E.; SIDEMAN, Richard J. *Federal taxation*: practice and procedure. Chicago: CCH Incorporated, 1998.

MELO, Carlos Francisco Lopes. Execução fiscal administrativa à luz da Constituição Federal. *Revista da AGU*, v. 11, n. 31, p. 110-142, jan./mar. 2012. Disponível em: https://pdfs.semanticscholar.org/1e78/e2eedc172e302ec88bdcafe0974500f25e2f.pdf Acesso em: 06 out. 2020.

MÉXICO. Código Fiscal de la Federación (*Código Fiscal Mexicano – CFM*). Disponível em: https://leyes-mx.com/codigo_fiscal_de_la_federacion.htm. Acesso em: 13 out. 2020.

MEYER-PFLUG, Samantha Ribeiro; NEVES, Mariana Barboza Baeta. Da necessidade de utilização de métodos alternativos ao litígio como solução de controvérsias entre a Administração Pública e os contribuintes sob o prisma jus-humanista. *Revista do Instituto do Direito Brasileiro*, v. 1, p. 2243-2258, 2012.

MINAS GERAIS. Secretaria de Estado de Fazenda de Minas Gerais. Lei nº 19.971, de 27 de dezembro de 2011. Altera as Leis nº 15.424, de 30 de dezembro de 2004, e nº 6.763, de 26 de dezembro de 1975, autoriza o não ajuizamento de execução fiscal, institui formas alternativas de cobrança e dá outras providências. Disponível em: http://www.fazenda.mg.gov.br/empresas/legislacao_tributaria/leis/2011/l19971_2011.html#:~:text=Altera%20as%20Leis%20n%C2%B0,cobran%C3%A7a%20e%20d%C3%A1%20outras%20provid%C3%AAncias. Acesso em: 28 set. 2020.

MIRANDA NETTO, Fernando Gama de. *Ônus da prova no direito processual público*. Rio de Janeiro: Lumen Juris, 2009.

MORAES, José Roberto de. Prerrogativas processuais da Fazenda Pública. *In*: SUNDFELD, Carlos Ari; BUENO, Cassio Scarpinella (Coord.). *Direito processual público*: a Fazenda Pública em juízo. São Paulo: Malheiros, 2000.

MORGAN, Patricia T. *Tax Procedure and Tax Fraud in a Nutshell*. St. Paul: West Group, 1999.

NALINI, José Renato. *A rebelião da toga*. 3. ed. rev., atual. e ampl. São Paulo: Revista dos Tribunais, 2015.

NALINI, José Renato. O judiciário, a eficiência e os *Alternative Dispute Resolution* (ADR). *Revista Direito e Liberdade*, Natal, v. 20, n. 1, p. 55-66, jan./abr. 2018.

NUNES FILHO, José Tenório. O princípio da eficiência administrativa e a crise da execução fiscal: problemas e soluções. *Revista de Direito Tributário Contemporâneo*, v. 16, p. 17-45, jan./fev. 2019.

NUNES, Castro. *Da Fazenda Pública em juízo*. Rio de Janeiro: Freitas Bastos, 1950.

OAB-SP. OAB-SP entrega parecer a temer contra rito de execução sumária de contribuintes. *OAB Notícias*, São Paulo, 12 fev. 2010. Disponível em: www.oabsp.org.br/noticias/2010/02/10/5944/. Acesso em: 30 out. 2020.

OEI, Shu-Yi. Getting More by asking less: justifying and reforming tax law's offer-in-compromise procedure. *University of Pennsylvania Law Review*, n. 160, issue 4, p. 1071-1137. Forthcoming, 2012. Disponível em: https://www.law.upenn.edu/journals/lawreview/articles/volume160/issue4/Oei160U.Pa.L.Rev.1071(2012).pdf. Acesso em: 07 out. 2020.

OLIVEIRA, Weber Luiz. Execução Fiscal Administrativa. *Portal Empório do Direito*, 25 jun. 2017. Disponível em: https://emporiododireito.com.br/leitura/execucao-fiscal-administrativa-por-weber-luiz-de-oliveira. Acesso em: 28 set. 2020.

PEREZ LUÑO, Antonio E. *Los derechos fundamentales*. Madrid: Tecnos, 1998.

POSNER, Richard A. *A economia da justiça*. Tradução de Evandro Ferreira e Silva. São Paulo: Martins Fontes, 2010.

PRUDENTE, Antônio Souza. Execução administrativa do crédito da Fazenda Pública. *Revista de informação legislativa*, v. 45, n. 177, p.31-46, jan./mar. 2008. Disponível em: http://www2.senado.leg.br/bdsf/handle/id/160251. Acesso em: 03 set. 2020.

SANTOS, Daniel Ferreira. Desjudicialização da execução fiscal. *Revista Jus Navigandi*, Teresina, ano 22, n. 5280, 15 dez. 2017. Disponível em: https://jus.com.br/artigos/62662/desjudicializacao-da-execucao-fiscal. Acesso em: 23 set. 2020.

SANTOS, Moacyr Amaral. *Primeiras linhas de direito processual civil*: adaptados ao novo Código de Processo Civil. 7. ed., v. 3. São Paulo: Saraiva, 1984.

SHIMURA, Sérgio. *Título executivo*. São Paulo: Saraiva, 1997.

SILVA NETO, Francisco de Barros e. A execução fiscal e o devido processo legal. *In*: BRITO, Edvaldo Pereira de; MARTINS, Ives Gandra da Silva. *Doutrinas essenciais de direito tributário*. v. 7. São Paulo: RT, 2011.

SILVA, De Plácido e. *Vocabulário júridico*. 12. ed. v. II. Rio de Janeiro: Forense, 1993.

SILVA, Jules Michelet Pereira Queiroz e. *Execução fiscal*: eficiência e experiência comparada. Consultoria Legislativa. Estudo Técnico. Câmara dos Deputados, jul. 2016. Disponível em: https://www2.camara.leg.br/atividade-legislativa/estudos-e-notas-tecnicas/publicacoes-da-consultoria-legislativa/areas-da-conle/tema20/2016_12023_execucao-fiscal-eficiencia-e-experiencia-comparada_jules-michelet. Acesso em: 16 abr. 2020.

SILVA, Ovídio A. Baptista da. *Jurisdição e execução na tradição romano-canônica*. 3. ed. Rio de Janeiro: Forense, 2007.

THEODORO JÚNIOR, Humberto. *Curso de direito processual civil*. Processo de execução e cumprimento de sentença, processo cautelar e tutela de urgência. v. 2. Rio de Janeiro: Forense, 2010.

THEODORO JÚNIOR, Humberto. *Lei de execução fiscal*. 13. ed. São Paulo: Saraiva, 2016.

THEODORO JÚNIOR, Humberto. *Lei de execução fiscal*: comentários e jurisprudência. 12. ed. São Paulo: Saraiva, 2011.

THURONYI, Victor. *Comparative tax law*. Londres: Kluwer Law International, 2003.

TORRES, Ricardo Lobo. *Curso de direito financeiro e tributário*. Rio de Janeiro: Editora Processo, 2018.

VICENTINO, Cláudio; DORIGO, Gianpaolo. *História do Brasil*: São Paulo: Editora Scipione, 1997.

WAMBIER, Tereza Arruda Alvim *et. al*. *Reforma do judiciário*: primeiros ensaios críticos sobre a EC n° 45/2004. São Paulo: RT, 2005.

Esta obra foi composta em fonte Palatino Linotype, corpo 10
e impressa em papel Pólen Bold Imune 70g (miolo) e
Supremo 250g (capa) pela Gráfica Star7.